# Bachelard
# ou
# le jour et la nuit

*DU MÊME AUTEUR*

L'ÉPISTÉMOLOGIE HISTORIQUE DE GASTON BACHELARD (avant-propos de Georges Canguilhem). Vrin. 1969. 4ᵉ édition 1974.

BACHELARD. ÉPISTÉMOLOGIE. TEXTES CHOISIS. Collection Sup. P.U.F. 1971.

POUR UNE CRITIQUE DE L'ÉPISTÉMOLOGIE. Maspero. Collection « Théorie », dirigée par Louis Althusser. 1972.

UNE CRISE ET SON ENJEU (Essai sur la position de Lénine en philosophie). Maspero. Collection « Théorie », dirigée par Louis Althusser. 1973.

DOMINIQUE LECOURT

# Bachelard ou le jour et la nuit

(Un essai du matérialisme dialectique)

BERNARD GRASSET
PARIS

« Trop tard, j'ai connu la bonne conscience dans le travail alterné des images et des concepts, deux bonnes consciences qui seraient celle du plein jour, et celle qui accepte le côté nocturne de l'âme. »

*Poétique de la rêverie*, p. 47.

PRÉAMBULE

# GASTON BACHELARD « DANS » LA PHILOSOPHIE FRANÇAISE

Aujourd'hui.

Qu'on le veuille ou non, l'œuvre de Gaston Bachelard occupe un point stratégique dans la conjoncture théorique en France. Depuis plus de dix ans, ses travaux de philosophie des sciences, une douzaine d'ouvrages écrits au fil de trente années d'une attention tendue aux sciences physiques contemporaines, hantent ce qui s'écrit ici de textes philosophiques; ils font l'objet d'un enseignement dans la plupart des universités; c'est par leur lecture que bien des lycéens, « littéraires » ou « scientifiques », découvrent cette discipline jusque-là mystérieuse pour eux qu'est l'épistémologie. On sait aussi que ces travaux ont provoqué, chez nous, une manière de révolution dans la façon de penser et d'écrire l'histoire des sciences (1); on peut, de surcroît, repérer leur

(1) Cette révolution dont le projet est inscrit dans les derniers textes de Bachelard, notamment dans *l'Acti-*

marque dans les réflexions que mènent sur leurs propres spécialités (leurs méthodes, leurs buts, leurs résultats...) non seulement des physiciens et des biologistes (2), mais des linguistes aussi bien que des psychanalystes, des psychologues et des sociologues (3) et même, depuis peu, des juristes (4). Le bruit, enfin, des orages qu'a soule-

*vité rationaliste de la physique contemporaine* (P.U.F. 1949) et dans sa conférence au Palais de la Découverte sur *l'Actualité de l'histoire des sciences* (1951, reproduite *in l'Engagement rationaliste*, P.U.F. 1972) a été mise en œuvre, après lui, par Georges Canguilhem dans l'ensemble de ses travaux, notamment dans sa remarquable thèse sur *la Formation du concept de réflexe* (P.U.F. 1955); elle a été poursuivie, dans un sens qui lui est propre, par Michel Foucault, en particulier dans son livre sur *la Naissance de la clinique* (P.U.F. 1963) et dans sa célèbre *Histoire de la folie à l'âge classique* (Plon 1961. Nouvelle édition : Gallimard 1972).

(2) On lira notamment les articles, malheureusement dispersés dans plusieurs revues, du physicien Jean-Marc Lévy-Leblond et, en un sens différent, la remarquable leçon inaugurale au Collège de France de M. Pierre Gilles de Gennes (10 novembre 1971).

(3) Exemple le plus significatif : le livre de Bourdieu, Chamboredon et Passeron intitulé *le Métier de sociologue* (Mouton-Bordas. 1969) dont les « préalables épistémologiques » se donnent, explicitement, pour bachelardiens.

(4) On consultera le livre de Sfez : *Critique de la décision* (Dalloz. 1973).

vés l'importation de la célèbre notion bachelardienne de « rupture épistémologique » dans le champ de la philosophie marxiste est présent à toutes les mémoires, puisqu'il semble n'en avoir jamais fini de renaître (5).

Bref : qu'elles y soient discutées, contestées, rectifiées ou simplement utilisées, les catégories mises au point par Bachelard dans ses livres d'épistémologie sont présentes, actives, dans presque tous les débats théoriques importants d'aujourd'hui.

A quoi il faudrait ajouter que, sur l'autre versant de son œuvre, celui où il traite de l'imagination poétique, les tentatives d'interprétation des textes littéraires proposées par Bachelard, dans leur audace singulière, ne sont pas restées sans lendemain. Sans doute n'y a-t-il pas d' « école » bachelardienne en critique littéraire, mais la

(5) Je fais ici allusion aux travaux de Louis Althusser. En particulier à *Lire le Capital* (Maspero. 1965). Quant aux orages qu'a suscités l'importation dont je parle, on peut dire qu'ils se sont levés des deux points extrêmes de l'horizon politique, à l'intérieur du camp marxiste : de droite avant Mai 1968, du « garaudysme » qui dominait alors la philosophie du Parti communiste français; « de gauche » ensuite, de tous ceux qui ont à régler leurs comptes avec leur « théoricisme » d'autrefois et qui n'ont pas fini de le faire sur le dos d'Althusser.

série de ses livres « poétiques » est indéniablement l'une des sources majeures de ce qu'il est convenu d'appeler la « nouvelle critique ». Bien plus : par un biais qui aurait suscité de sa part autant de surprise que, probablement, de réprobation, voici que les notions clés de son épistémologie portent leurs effets dans ce domaine aussi (6).

On peut dire, par conséquent, que l'inscription de l'œuvre de Gaston Bachelard au programme du Concours d'agrégation de philosophie, vingt ans après que son auteur eut cessé son enseignement à la Sorbonne, sanctionne un état de fait : celui que je viens de décrire à grands traits (7).

Que ce fait mérite explication, je serai le dernier à en disconvenir : je me risquerai, chemin faisant, à en rendre raison. Il m'aura suffi, pour l'heure, d'attirer sur lui l'attention du lecteur à seule fin de le confronter à un autre fait non moins incontestable : que les travaux philosophiques de Bachelard, du temps qu'ils s'élaboraient, ne lui avaient valu qu'indifférence de la part de ceux qui passaient pour représenter alors la « grande

(6) On lira, à ce propos, l'intéressant article d'Élisabeth Roudinesco « l'Autre de la Théorie », *in Action Poétique* (Juin 1973, n° 53).

(7) Ce livre reprend la substance de deux cours d'agrégation donnés en 1973-1974 à l'École normale supérieure de la rue d'Ulm et à la faculté de Philosophie et Sciences humaines d'Amiens.

philosophie ». Une indifférence qui pouvait se teinter de mépris, ou, au mieux, se nuancer de l'intérêt amusé qu'il sied de témoigner à un « original », surtout lorsqu'il vous joue ce tour supplémentaire d'être un professeur écouté. L'œuvre de Gaston Bachelard sort d'une longue nuit.

Cette longue nuit, il ne faut pas craindre de le reconnaître, est celle de la philosophie française du début de ce siècle. Qui lit aujourd'hui Ravaisson, Boutroux ou Lachelier? Qui étudie Maine de Biran? Ces noms, illustres en leur temps, ont disparu de notre horizon philosophique. Mais cette absence ne doit pas nous masquer, d'une illusion rétrospective, l'incroyable empire qu'a exercé sur la philosophie française, au point de faire pratiquement corps avec elle, la variante particulière de l'idéalisme dont ils ont été, avec tant d'autres, les défenseurs et les ornements. Je veux parler du *spiritualisme*. On ne doit pas oublier, lorsqu'on lit Bachelard, qu'au moment où il publiait son premier ouvrage, son « Essai sur la connaissance approchée », notre philosophie était « officiellement » (8) spiritualiste depuis plus d'un siècle. Il

(8) Je sais bien que l'idée que le spiritualisme fût une doctrine officielle a été contestée. Je pense que des déclarations comme celles de Victor Duruy en 1868 sont, elles, incontestables : « Messieurs, il est une doctrine avec laquelle l'Université ne peut pas vivre : c'est

est vrai que depuis le jour de 1811 où Royer-Collard l'introduisit solennellement à la Sorbonne jusqu'à ces années 1930 où le spiritualiste Louis Lavelle en célébrait chaque mois la nouvelle vigueur dans la rubrique philosophique du journal *le Temps* (9) le spiritualisme avait connu bien des vicissitudes, mais peu importe ici une histoire qui reste à écrire (10); inutile même de rouvrir le procès qu'eut le courage de lui intenter avec éclat Paul Nizan en un pamphlet célèbre (11). Je rappellerai seulement que cette philosophie s'était fait une spécialité de la célébration des Valeurs morales, de la Liberté humaine et, surtout, de la Liberté de l'Esprit humain : son thème de prédilection, puisqu'il réunissait tous les autres en un même hymne à la Création spirituelle, qu'elle fût scientifique, esthétique, morale ou religieuse. Une célébration où elle conviait à communier toutes les

le matérialisme. Il en est une autre sans laquelle l'Université ne saurait exister : c'est le spiritualisme. »

(9) Ces chroniques ont été recueillies sous le titre *Panorama des doctrines philosophiques* (Albin-Michel. 1967).

(10) On trouvera des documents intéressants sur cette question dans le livre de Lucien Sève intitulé : *la Philosophie française contemporaine* (Éditions Sociales. 1962).

(11) *Les Chiens de garde* (1932. Réédité *in* « Petite collection Maspero ». 1967).

grandes doctrines du passé, réconcilées par ses soins, de Platon à Descartes et à Kant. Il faut savoir aussi que cette philosophie, œuvre de grands universitaires, pour donner toute la force de conviction souhaitable à ses thèses métaphysiques, les donnait à lire dans les évidences d'une « psychologie » construite à cet effet. Mémorable psychologie en vérité, dont la désuétude est aujourd'hui criante et que personne, je pense, ne s'aviserait de défendre comme telle; mais qu'il faudrait se garder pourtant de croire définitivement morte avec la philosophie qui lui avait donné naissance : il n'est pas sûr qu'elle n'ait pas continué à vivre, en se donnant apparemment de nouveaux « objets », sous les espèces de certaine « phénoménologie » du vécu qui se couvre un peu vite de l'autorité de Husserl; « phénoménologie de première prise », dira Bachelard qui ne manquera jamais d'en dénoncer l'imposture.

Tout cet édifice, de l'aveu même de ceux qui l'édifièrent et l'entretinrent, ne fut pas bâti par pur intérêt spéculatif : sa fonction essentielle était, bel et bien, de *défense* – c'est-à-dire de lutte – idéologique. Défense contre le matérialisme des philosophes français des Lumières : c'est-à-dire, de la part de la bourgeoisie arrivée au pouvoir, lutte contre la tendance philosophique dont ses idéologues, engagés dans le combat révolutionnaire pour abattre la domination féodale, s'étaient faits les porteurs et les propagandistes. Liquidation idéologique de son propre passé.

Cette liquidation emporte avec elle deux conséquences secondaires mais qui ont profondément marqué la philosophie française : une résistance tenace à la philosophie « critique », version allemande de cette philosophie des Lumières, élaborée, dans le même temps, par les intellectuels d'une classe bourgeoise qui, elle, n'étant pas parvenue au pouvoir, en était réduite à s'interroger sur la révolution réussie de sa voisine (12); un inlassable combat contre la philosophie positiviste d'Auguste Comte et de ses disciples, héritiers déclarés, par l'intermédiaire de Condorcet (13), de cette même philosophie des Lumières.

Défense, dans la direction opposée, contre les vestiges idéologiques de l'ancienne classe dominante représentée par l'Église. Une bataille d'abord très âpre mais qui s'est apaisée à mesure que les dangers d'une contre-révolution se dissi-

(12) Althusser a donné, en deux pages de *Pour Marx* (Maspero. 1965), un tableau saisissant du « sous-développement historique » de l'Allemagne et de son corrélat : son « sur-développement idéologique » (p. 73-74).

(13) On sait qu'Auguste Comte reconnaissait dans l'auteur de *l'Esquisse d'un tableau des progrès de l'esprit humain* « son seul prédécesseur ».

paient et, surtout, qu'un nouveau front apparaissait où la bourgeoisie devait concentrer toutes ses forces, sans refuser aucune alliance : celui de la lutte contre le matérialisme « spontané » des masses populaires en mouvement, dont la Commune, puis la révolution d'Octobre, lui révélèrent le danger mortel qu'il était pour sa domination de classe.

Ces quelques indications schématiques permettent de comprendre la persistance et la force du spiritualisme, ses traits constants mais aussi l'évolution interne qui l'a rapproché sans cesse davantage d'une philosophie ouvertement religieuse.

Elles permettent aussi non seulement d'apercevoir le « décor » philosophique où Bachelard va inscrire ses premiers travaux, mais encore, selon moi, d'éclairer sa démarche dans sa force polémique comme dans les équivoques dont elle restera victime jusqu'au bout.

Nul n'ignore que Bachelard fut un véritable autodidacte en philosophie : lorsqu'il passa, tardivement, l'agrégation en 1922, il enseignait la physique et la chimie au collège de Bar-sur-Aube (14). Ces détails d'histoire individuelle,

(14) Bachelard est né le 27 juin 1884 à Bar-sur-Aube. Comme on sait, avant d'être professeur de

qui pourraient être anecdotiques, ont l'intérêt de faire apparaître tout à la fois la relative liberté de Bachelard par rapport à la tradition philosophique dominante et ce fait, évidemment décisif, que c'est par une réflexion sur les sciences et leur enseignement qu'il est venu à la spéculation philosophique.

Or, il faut bien le redire après lui, le spiritualisme, tout à ses tâches apologétiques, à la différence des grandes philosophies du passé, se préoccupait fort peu des sciences contemporaines. Il vivait sa vie philosophique en se reposant sur ce qu'avaient pu dire des sciences les doctrines anciennes. Un savoir mort; en une époque où de profonds bouleversements venaient d'affecter le visage des sciences physiques à l'issue d'une longue et douloureuse phase de croissance, vécue par les savants comme une période de « crise (15) » . Bachelard désabusé s'écriera, dans *la Philosophie du Non :* « Les philosophes ont fait sécession. »

Pourtant, tranchant sur ce désintérêt général,

physique il fut employé des postes. C'est en 1940 qu'il deviendra professeur à la Sorbonne. Il est mort le 16 octobre 1962.

(15) J'ai donné une description détaillée de cette période de « crise » dans mon dernier ouvrage : *Une crise et son enjeu* (Maspero. Collection « Théorie ». 1973).

une doctrine se distingue : celle d'Émile Meyerson (16). Elle ne néglige aucune des découvertes les plus récentes, examine aussi bien les géométries non euclidiennes que les théories relativistes et la mécanique quantique. Meyerson écrit volume sur volume, faisant écho aux événements scientifiques les plus importants. Mais c'est pour y soutenir toujours la même thèse : que l'esprit humain procède en toute occasion selon des règles qui lui sont consubstantielles et dont la principale – sinon l'unique – est de « réduire le divers à l'identique ». Meyerson s'acharne à disputer au positivisme le terrain où il avait pu sembler un instant triomphant pour y asseoir le règne du spiritualisme. Il écrit, dans *le Cheminement de la pensée :* « La recherche scientifique ne nous intéresse pas par les résultats auxquels elle aboutit, mais par les raisonnements qui ont été

(16) Émile Meyerson est l'auteur de cinq ouvrages essentiels : *Identité et réalité* (Alcan. 1926). *La Déduction relativiste* (Payot. 1926). *De l'explication dans les sciences* (Payot. 1927). *Du cheminement de la pensée* (Alcan. 1931). *Réel et déterminisme dans la physique quantique* (Hermann. 1933).

Sur le débat de Meyerson et du positivisme, on pourra lire l'ouvrage de Georges Mourélos : *l'Épistémologie positive et la critique meyersonienne* (P.U.F. 1962). On s'apercevra aisément de la distance qui sépare les remarques finales consacrées à Bachelard des thèses qui sont soutenues ici.

mis en œuvre pour y aboutir; la science n'est pour nous qu'un ensemble d'opérations de l'intellect, opérations plus aisées à saisir là qu'ailleurs (17). »

On comprend pourquoi Meyerson a pu être l'adversaire privilégié de Bachelard. La polémique continuelle qu'il mène, livre après livre (18), contre ce philosophe peut surprendre un lecteur d'à présent où, en France du moins, les thèses de Meyerson ne sont plus guère connues. Mais il faut se souvenir que Meyerson a été *le* spiritualiste qui a tenté d'enrôler les sciences physiques contemporaines au service d'une doctrine qui, par ailleurs, ne leur manifestait qu'indifférence.

Quant à la position de Bachelard vis-à-vis du positivisme, variante dominée de la philosophie dominante, elle n'est pas moins polémique. Pour deux raisons au moins : une raison de tactique puisque le positivisme avait bénéficié, sur le terrain de la philosophie des sciences, de la « sécession » spiritualiste et s'y trouvait donc en situation hégémonique; une raison historique et théo-

(17) *Du cheminement de la pensée*, p. 66.

(18) Dès sa thèse, Bachelard répond à Meyerson par un chapitre qui s'intitule « Rectification et Réalité »; puis pour répliquer à *la Déduction relativiste*, il écrit : *la Valeur inductive de la relativité* (Vrin. 1929). Jusque dans *le Matérialisme rationnel* (1953) ses textes fourmilleront d'allusions, claires ou voilées, à Meyerson.

rique surtout, parce que la philosophie positiviste avait connu son heure de gloire, à la fin du siècle dernier, au moment de la prétendue crise de la physique ouverte par la formulation du second principe de la thermodynamique. Elle s'était crue en mesure de proposer ses « solutions » aux savants en désarroi. On sait que quelques-uns des plus célèbres, Ernst Mach par exemple, les avaient reprises à leur compte. On sait aussi que la physique s'est passée de ces solutions pour résoudre ses problèmes : elle l'a fait par ses propres forces. Lorsque Bachelard commence à écrire, c'est chose faite : il en prend acte en se déclarant, dès ses premiers ouvrages, antipositiviste.

Mais on va voir que la conjoncture théorique précise que je viens d'évoquer grossièrement, si elle éclaire d'une lumière vive le sens et la portée de la polémique bachelardienne, explique aussi les incertitudes de sa position en philosophie. Bachelard, avançant seul dans la nuit, ne va trouver pour combattre ses adversaires d'autres armes que celles-là même qu'ils lui auront laissées. Incapable pour finir, malgré ses efforts, d'échapper à leur emprise.

## CHAPITRE I

# L'ANNONCE

*La Philosophie du Non* s'ouvre sur une *annonce :* l'annonce d'une philosophie des sciences « qui serait vraiment adéquate à la pensée scientifique en évolution constante (1) ». Nous sommes en 1940, et Bachelard s'apprête, dans ce livre, à tirer les leçons philosophiques de la profonde révolution qui a secoué, depuis le début de ce siècle, les sciences physico-chimiques : cette révolution dont il a minutieusement décrit le mécanisme et les contrecoups, six ans plus tôt, dans *le Nouvel Esprit scientifique. La Philosophie du Non* porte comme sous-titre : « Essai sur la philosophie du Nouvel Esprit scientifique. »

Une dizaine d'années ont passé lorsqu'il consacre un nouveau livre au même sujet. Il écrit

(1) *La Philosophie du Non*, p. 7.

*l'Activité rationaliste de la physique contemporaine.* Son œuvre épistémologique est alors, pour l'essentiel, achevée. Surprise : la même annonce se répète. L'introduction de l'ouvrage, l'un des textes les plus justement célèbres de Bachelard, est consacrée à énoncer, sur un mode programmatique, « les tâches d'une philosophie des sciences » qui voudrait être « contemporaine » de l'objet de son discours. Même annonce, enfin, dans *le Matérialisme rationnel,* le dernier de ses livres d'épistémologie.

Une telle répétition peut éveiller le soupçon. Ne s'est-il, en dépit des apparences, *rien* passé dans l'intervalle qui sépare ses premiers travaux de ses derniers ouvrages? L'épistémologie de Gaston Bachelard est-elle, malgré sa prolixité, malgré sa technicité, une épistémologie *vide* qui dissimulerait son manque de contenu philosophique sous les prestiges d'une difficulté scientifique d'apparat? Ne convient-il pas alors de lui appliquer le terme dont Politzer accablait au même moment le bergsonisme : n'est-elle qu'une « parade philosophique »? Une parade : de brillantes annonces sans doute, mais le véritable spectacle est ailleurs.

Le rôle que jouent les catégories bachelardiennes dans la conjoncture théorique actuelle, ce rôle dont j'ai rappelé l'importance pour commencer, suffirait à nous détourner d'une interprétation aussi malveillante.

Faut-il alors tenir la répétition de cette annonce pour un indice d'*inachèvement?* Faut-il lire ces laborieuses études comme de simples esquisses? les exercices préliminaires d'un auteur tard venu à la philosophie que le temps aurait pris de court? Il y aurait là bien de l'invraisemblance puisqu'il s'agit d'une œuvre qui se développe sur près de trente ans et qui, de plus, suivant apparemment le mouvement des sciences contemporaines, fait entre 1949 et 1953 un retour critique, dont l'intérêt a été souligné, sur ses productions antérieures (2)?

Admettra-t-on en désespoir de cause, sur la foi de quelques formules ambiguës du *Nouvel Esprit scientifique*, que « le temps n'était pas encore venu », et qu'une sorte de destin aurait condamné cette épistémologie à n'être qu'une épistémologie optative?

(2) Georges Canguilhem avait attiré l'attention sur ce point dans ses articles sur Bachelard. Voir notamment *in Études d'histoire et de philosophie des sciences* (Vrin. 1968), p. 194-195. J'ai moi-même essayé d'en donner la démonstration et d'en tirer les leçons dans mon Mémoire de maîtrise publié chez Vrin en 1969 *(l'Épistémologie historique de Gaston Bachelard).*

Je le dis tout de suite : je vais proposer de cette énigme une tout autre explication. Une explication très simple qui s'en tient à la lettre des textes de Bachelard pour prendre acte tout à la fois de l'annonce et de sa répétition. En définitive, si cette épistémologie reste comme en attente d'elle-même, suspendue à la venue, toujours à venir, d'une philosophie nouvelle qui ne paraît pas, peut-être est-ce parce que cette philosophie est un *leurre*. Si l'avènement de cette philosophie n'a jamais lieu, peut-être est-ce justement parce que cette philosophie n'a pas de *lieu*. Peut-être l'épistémologie de Bachelard se déploie-t-elle à l'ombre portée d'une véritable utopie philosophique. Un leurre, une utopie qui aurait la persistance — et la consistance — d'un fantasme.

A charge pour moi d'expliquer la genèse de ce leurre, ou, si l'on veut, la formation de ce fantasme : de repérer, dans l'épistémologie de Bachelard, ce qui donne lieu à ce non-lieu, et d'expliquer l'effet en retour de cette utopie sur le lieu bien réel de sa production. Car, comme on peut le deviner, on ne poursuit pas ainsi impunément une chimère.

Nous serons alors en mesure de lever une autre énigme tout aussi redoutable; celle qui passe pour l'Énigme même de l'œuvre de Bachelard; celle qui est, depuis belle lurette, la croix de ses commentateurs. Cette énigme, nul ne l'ignore, surgit de l'édification inattendue, parallèle à ses travaux de philosophie des sciences, d'une véritable « poétique » bachelardienne qui, au long d'une dizaine d'ouvrages (le premier – son *Lautréamont*, l'un des plus connus – paraît l'année même de *la Philosophie du Non*). nous propose une théorie philosophique de l'imagination qu'il ne cessera de retravailler jusque dans son dernier livre, l'opuscule sur *la Flamme d'une chandelle.*

Faut-il se contenter de noter cette étrange dualité? Beaucoup l'ont fait, plus pressés d'en célébrer le mystère que d'en éclaircir la nécessité. Les plus autorisés des lecteurs de Bachelard ont pourtant été sensibles à la difficulté théorique que suscite un si violent contraste. Trois d'entre eux, au moins (3), ont fort clairement énoncé les termes de cette difficulté. Ils ont bien vu qu'entre les deux pans de cette œuvre, entre les deux séries de livres, la *contradiction* est flagrante : ici un travail scru-

(3) Il s'agit de Jean Hyppolite dans son article sur « Bachelard ou le romantisme de l'intelligence », reproduit *in Figures de la pensée philosophique* (P.U.F. 1971. T. II, p. 643); de Georges Canguilhem dans les articles déjà cités de ses *Études...*, et de François Dagognet qui consacre, dans son *Bachelard* (P.U.F. Collection « Philosophes »), une page intéressante à cette question. Nous aurons l'occasion de la discuter le moment venu.

puleux, technique, souvent austère, mené au plus près de la recherche contemporaine en physique, portant sur la formation et la rectification des concepts scientifiques; là, une suite de textes qui, souvent écrits sur le ton de la confidence la plus personnelle, se livrent, avec une agilité stylistique déconcertante, aux suggestions les plus libres d'images poétiques recueillies au fil d'une lecture dévorante des auteurs les plus divers, allant jusqu'à renoncer explicitement, et, si je puis dire, méthodiquement, dans les derniers écrits, à toute saisie conceptuelle de leur objet. Bref, pour reprendre des termes bachelardiens, entre ses livres scientifiques et ses livres d'imagination, c'est comme le Jour et la Nuit.

Mais il est vrai aussi que nul ne peut lire ces textes divergents sans avoir le sentiment d'une *unité* qui s'y cherche sous la contradiction. Très précisément : il semble qu'une thèse unique sur le « dynamisme » de la pensée soit le trait d'union qui les relie : dynamisme du mouvement des concepts scientifiques et dynamisme de l'imagination productrice des images poétiques. On a remarqué que Bachelard, comme pour mieux alerter le lecteur sur cette unité, n'a pas hésité à transposer, purement et simplement, certains passages des premiers de ses ouvrages dans les seconds. Mais il n'a pour autant jamais cédé à ceux qui le pressaient d'avouer cette unité; bien plus : il a multiplié les mises en garde contre toute tentative d'unification de son œuvre.

Les commentateurs sont donc au rouet; passant alternativement de la reconnaissance d'une contradiction au pressentiment d'une unité pourtant toujours déniée.

Si je compte échapper à ce cercle, c'est en posant à l'œuvre de Bachelard une tout autre question. Je ne l'interrogerai pas directement sur son unité ou sa dualité. Je lui poserai plutôt cette unique question, sans doute plus détournée : n'y a-t-il pas quelque rapport entre l'absence entêtée de cette philosophie toujours annoncée en épistémologie et le surgissement, pour finir, d'une autre philosophie qui, elle, n'a point eu besoin d'annonce pour paraître, se levant comme par surprise sur les marges de son épistémologie?

Qu'on m'entende bien : je ne vais pas, par je ne sais quel goût du paradoxe, soutenir que la philosophie qui gouverne les ouvrages poétiques est précisément, à l'insu de son auteur, celle dont il répète l'annonce dans l'autre partie de son œuvre. Non. Je voudrais défendre l'idée que l'élaboration de cette philosophie, à distance des livres d'épistémologie, entretient un rapport étroit, constitutif même, avec la présence dans ses ouvrages de philosophie des sciences du leurre que j'ai cru pouvoir y déceler. Je tenterai, qui plus est, de démontrer que ce leurre, interne au dispositif épistémologique de Bachelard, rend compte à la fois de l'unité des deux côtés de l'œuvre et de leur irréductible écart qui n'est que la manifestation, très visible, la projection de la contradiction aveugle qui travaille sa philosophie des sciences.

Tournons-nous donc vers la figure encore blanche de cette philosophie toujours annoncée, toujours absente, pour en dessiner les traits.

La seule indication dont nous disposions pour l'instant, c'est qu'elle doit être « adéquate » aux sciences contemporaines. Nous savons néanmoins que c'est là son caractère majeur puisque c'est celui qui soutient le vœu dont elle est l'objet. Mais ce qui est remarquable, c'est que cette « adéquation » n'est posée, postulée, que par contraste avec l'*inadéquation*, inlassablement dénoncée, des philosophies spiritualistes et positivistes aux concepts et aux théories scientifiques nouveaux. En d'autres termes, c'est du constat d'inadéquation dressé à ces philosophies que part Bachelard pour construire l'idée d'une philosophie qui soit adéquate au nouvel esprit scientifique. Un premier détour s'impose donc : avant de pouvoir préciser ce que Bachelard entend par une « philosophie adéquate aux sciences contemporaines », il faut savoir ce qu'il entend au juste par l'« inadéquation » des philosophies qu'il désigne par le terme générique de « philosophies traditionnelles ».

De cette inadéquation, *le Nouvel Esprit scientifique* et *la Philosophie du Non* font le procès détaillé. A ce procès, deux chefs d'accusation principaux : d'une part, explique Bachelard, les sciences contemporaines contredisent l'existence, pourtant postulée par les philosophies traditionnelles, d'une « Raison » immuable; d'autre part, ces mêmes sciences ne reconnaissent pas dans le « réel » tel que les philosophes en ont jusque-là construit la notion « leur » réel; celui dont elles produisent jour après jour la connaissance objective.

Suivons d'abord les textes où Bachelard esquisse le portrait de cette « Raison » et de ce « réel » philosophiques. Dans *la Philosophie du Non*, parodiant les méditations de celui qu'il appelle « le philosophe », il écrit : « L'identité de l'esprit dans le *je pense* est si claire que la science de cette conscience claire est immédiatement la conscience d'une science, la certitude de fonder une philosophie du savoir. » Puis, après avoir établi sa propre position, il conclut : « Une thèse comme la nôtre qui pose la connaissance comme une évolution de l'esprit, qui accepte des variations touchant l'unité et la pérennité du *je pense* doit troubler le philosophe. » Et, dans la conclusion du livre : « La doctrine d'une raison absolue et immuable est une philosophie périmée (4). » Identité, immutabilité, souveraineté : tels sont, d'après les textes de Bachelard, les caractères majeurs de la « Raison » des philosophies traditionnelles.

Cette conception « fixiste », « immobiliste », « paresseuse » de la pensée, cette idée d'une « raison close » va de pair, selon lui, avec une représentation du réel comme réservoir d'irrationalité. Il y a entre elles une solidarité profonde, une intime complémentarité que Bachelard ne manque jamais de souligner en s'en prenant encore une fois aux textes de son adversaire favori, Meyerson, le philosophe de l'Identité (de l'esprit humain), qui avait élevé l'*irrationalité* du réel à la hauteur d'une véritable théorie; au point qu'on pourrait résumer sa philosophie en parodiant une formule célèbre : pour lui, « tout ce qui est réel est irrationnel » (5).

(4) *Le Nouvel Esprit scientifique*, p. 144.

(5) Pour Meyerson, à mesure que l'esprit progresse – qu'il chemine – il rencontre de nouveaux « irration-

Comme on peut le constater, les déterminations empruntées aux philosophies classiques pour définir la « Raison » et le « réel » sont très générales, très pauvres aussi si on les confronte au détail des textes où ces catégories se sont historiquement trouvées à l'œuvre. On aura noté aussi que le vocabulaire emprunte à des doctrines différentes pour en conjoindre les termes dans un paisible éclectisme. Il n'y a ni à s'en scandaliser ni même à s'en étonner; c'est chercher à Bachelard une mauvaise querelle que lui reprocher son laxisme philosophique. Car, dans des textes comme ceux que nous venons de citer, Bachelard ne vise les catégories philosophiques classiques que sous les espèces où elles se présentent dans les philosophies spiritualistes et positivistes contemporaines. Dans l'éclectisme apparent de ses attaques, Bachelard ne fait que retourner contre lui l'éclectisme de ces philosophies, qui n'hésitaient pas à s'assimiler, pêle-mêle, les catégories

nels ». Par exemple « lorsqu'on constate que la lumière est quelque chose qui n'est ni véritablement corpuscule ni onde, mais qui manifeste un ensemble d'attributs contradictoires puisqu'ils appartiennent tantôt au corpuscule tantôt à l'onde; cela prouve que l'on constate tout bonnement que, sur ce point, le réel ne se laisse point ramener à un schéma conforme aux exigences de notre raison, que l'on s'est heurté à un *irrationnel* » (*Du cheminement de la pensée*, p. 61).

des grandes philosophies idéalistes classiques, détachées du système qui leur avait donné naissance et réinterprétées à leur convenance.

Les sciences contemporaines, soutient Bachelard, invalident aussi bien la conception fixiste et substantialiste de la Raison que la conception irrationaliste du réel.

Au début de *la Philosophie du Non*, dans le texte déjà cité de l'annonce, il écrit : « Une philosophie qui veut être vraiment adéquate à la pensée scientifique en évolution constante *doit envisager la réaction des connaissances scientifiques sur la structure spirituelle* (6) » et dans la conclusion du livre, en une formule lapidaire : « L'esprit doit se plier aux conditions du savoir (7). » Ce point est évidemment capital : la nouvelle que Bachelard vient porter aux philosophes au nom des sciences contemporaines, c'est qu'il faut renoncer à la conception classique de la Raison. On comprend qu'il ait eu quelque mal à se faire entendre; rien d'étonnant, dans ces conditions, qu'il y soit revenu plus d'une fois.

Ainsi, déjà, dans *le Nouvel Esprit scientifique*, traitant de la philosophie géométrique, il écrivait :

(6) *La Philosophie du Non*, p. 7.
(7) *Ibid.*,p. 144.

« A partir d'Euclide et pendant deux mille ans, la géométrie reçoit sans doute des adjonctions nombreuses, mais la pensée fondamentale reste la même et l'on peut croire que cette pensée géométrique est le fond de la raison humaine. C'est sur le caractère immuable de l'architecture de la géométrie que Kant fonde l'architectonique de la raison. Si la géométrie se divise, le kantisme ne peut être sauvé qu'en inscrivant des principes de division dans la raison elle-même, qu'en *ouvrant* le rationalisme (8). » Dans deux articles importants parus en 1936 et 1939, intitulés respectivement « le Surrationalisme » et « la Psychologie de la Raison », il étend la portée de ces remarques à l'ensemble des sciences contemporaines. Ainsi, dans la conclusion du second texte : « A mon avis, écrit-il, la discontinuité épistémologique qui vient de se présenter entre la physique et la microphysique nous offre l'occasion d'une libération vertigineuse : la libération de l'esprit à l'égard de lui-même (9). »

Je disais que les philosophes contemporains n'étaient pas disposés à entendre cette nouvelle. Une preuve éclatante en est donnée par l'extraordinaire malentendu qui pèse sur la longue

(8) *Le Nouvel Esprit scientifique*, p. 20.
(9) « La Psychologie de la Raison », *in Engagement rationaliste*, p. 30.

discussion engagée par Bachelard à la Société française de philosophie en 1950, à une date où pourtant ses thèses commençaient à être bien connues et où le spiritualisme était en recul, du moins sous sa forme classique. Ce malentendu apparaît en clair à la fin de cette vive séance, avec une lettre adressée au conférencier par Julien Benda. Une lettre qui s'achève sur cette mise en demeure : « Pour préciser finalement ma position à l'égard de M. Bachelard et de son rationalisme évolutif, je lui demande s'il peut me citer un seul texte du savant le plus affranchi qui ne consiste à énoncer, dans la mesure où il raisonne : " Étant donné ceci, il s'ensuit cela ", c'est-à-dire qui n'use du rationalisme en vigueur depuis trente siècles (10). » La Société française de philosophie est déconcertée, précipitée hors du cercle de ses catégories traditionnelles.

Mais ne quittons pas le théâtre de cette discussion sans en avoir tiré une autre leçon importante : on ne peut manquer, à en lire le compte rendu, d'être sensible à la difficulté que n'a cessé de rencontrer Bachelard dans l'élaboration même de ses propres catégories épistémologiques : il ne trouve, dans la philosophie contemporaine, aucune doctrine, aucun système sur lesquels faire

(10) Le compte rendu de cette discussion est reproduit *in Engagement rationaliste*, p. 87-88.

fonds. Si bien que du point de vue philosophique ses premiers ouvrages donnent ce spectacle déroutant d'un auteur en quête perpétuelle de « garants » théoriques pour se faire entendre de ses pairs.

C'est ainsi, me semble-t-il, qu'il faut comprendre l'insistance avec laquelle il s'est réclamé, pour un temps, des travaux de Léon Brunschvicg. Ce serait un contresens de prendre ce recours pour un ralliement. Il s'explique par cette raison très simple que la philosophie de Brunschvicg était la seule qui défendait alors, quoique pour des motifs et en des termes très différents de ceux de Bachelard, une conception « évolutive » de la Raison. Brunschvicg, en effet, défendait l'idée d'une « raison-activité » capable de renouveler sa propre structure indéfiniment selon les suggestions d'une « expérience-activité ». De plus, Brunschvicg s'attachait à montrer « l'instruction de la raison par la science »... pour illustrer la Liberté de l'Esprit.

Bachelard « extrait » donc de la philosophie de Brunschvicg la thèse selon laquelle il y a « des événements de la raison » (11) pour la transpor-

(11) Dans son article sur « la Philosophie scientifique de Léon Brunschvicg », Bachelard commence par ces lignes : « Le lecteur qui voudra méditer le grand livre des *Étapes de la philosophie mathématique* aura

ter dans sa propre réflexion épistémologique sur les sciences contemporaines. Il n'y a trouvé, j'y insiste, qu'un garant philosophique (12). Il ne

tout de suite l'impression d'une finesse de détection pour les progrès de la pensée scientifique. Il sentira que Léon Brunschvicg détermine vraiment les *événements de la raison* » (*in Engagement rationaliste*, p. 169).

(12) Comme l'a très bien dit Canguilhem (*Études d'histoire et de philosophie des sciences*, p. 200) : Bachelard, dans le moment même où il se réclame de Brunschvicg, s'en sépare. Pour Brunschvicg, en effet, la transformation de la raison est l'effet d'un progrès continu : progrès continu dont chaque « étape » (« les Étapes de la philosophie mathématique ») ou chaque « âge » (« les Ages de l'intelligence ») est la marque d'une victoire de l'esprit sur son passé. La thèse de l'évolution est donc inscrite chez lui dans une philosophie de la vie de l'esprit; elle en est un sous-produit. A tel point qu'on pourrait peut-être parler à son propos, en dépit de tout ce qui les sépare et malgré le caractère provocant de l'expression, d'un bergsonisme intellectualiste. Témoin, par exemple, ce texte dont on ne pourra nier l'allure très bergsonienne : « En fait chaque moment de notre existence scientifique, morale, religieuse est caractérisé par le même conflit entre l'inertie fatale, le poids mort du passé et le progrès interne, la continuité victorieuse de l'esprit » (*De la vraie et de la fausse conversion*, 1932).

Il est évident que Bachelard refuse la continuité dans la philosophie de Brunschvicg, comme il l'a refusée dans le bergsonisme (*Dialectique de la durée*, p. 16). On remarquera au demeurant qu'au nom de sa propre conception des « événements de la raison » Bachelard propose, dans *la Philosophie du Non*, une retient de Léon Brunschvicg que ce qui, dans sa conception de la Raison, *s'oppose* à la conception classique d'une Raison immuable. Sa tactique philosophique consiste à « jouer » sur cette opposition pour présenter l'idée, toute nouvelle, d'un rationalisme sans « raison maîtresse » (13), d'un « esprit à structure variable ». Si les « philosophies traditionnelles » sont « inadéquates », c'est ainsi, en premier lieu, parce que, d'après lui, les sciences contemporaines imposent de rompre avec une conception substantialiste de la raison : *la Raison est désormais impliquée dans ses propres opérations.*

De la même façon, et corrélativement, la conception traditionnelle de la Réalité doit être modifiée. L'article « Noumène et Microphysique » de 1932 est déjà tout entier consacré à opposer la réalité « immédiate » à la réalité dont nous parle le physycien des temps nouveaux : c'est un monde caché, écrit-il, d'essence mathématique. Ce n'est pas un irrationnel : bien au contraire « le physicien fait ses expériences en se fondant sur le caractère rationnel de ce monde inconnu » (14).

épistémologie « non cartésienne » : c'est aller à l'encontre des thèses de Brunschvicg qui voyait, lui, dans le cartésianisme, le « rationalisme authentique » (*L'Orientation du rationalisme*, p. 304).

(13) *Le Nouvel Esprit scientifique*, p. 53.

(14) *Études*, p. 38.

Dans *le Nouvel Esprit scientifique*, Bachelard dresse devant le « réel immédiat » qui est « un simple prétexte de pensée scientifique », le réel scientifique qui doit, selon lui, déterminer ce qu'il appelle « un réalisme de seconde position », un réalisme en réaction contre la notion de Réalité, en polémique contre l'immédiat. Dans *la Philosophie du Non*, il revient encore sur ce thème qui parcourt toute son œuvre : « La réalisation, écrit-il, prime la réalité », et cette primauté de la réalisation « déclasse la réalité » : seconde position. D'où la nécessité de renoncer à l'idée que la science étudie des *choses*, qui sont les espèces de cette Réalité. « L'épistémologie de la microphysique n'est pas chosiste » déclare *le Nouvel Esprit scientifique* (15) et les textes bien connus de *l'Activité rationaliste de la physique contemporaine* sur les corpuscules (16) développent cette remarque à longueur de pages. La science, explique *le Matérialisme rationnel*, n'est pas une « leçon de choses » (17).

Nouvel épisode de la polémique contre Meyerson qui soutenait contre les positivistes, en particulier contre les disciples de Mach, que la science

(15) *Le Nouvel Esprit scientifique*, p. 38.
(16) *L'Activité rationaliste de la physique contemporaine*, p. 83-84.
(17) *Le Matérialisme rationnel*, p. 30.

ne se contente pas d'étudier des rapports entre des sensations mais qu'elle étudie des lois existant entre les choses (18).

Comme on vient de le voir, la confrontation directe des catégories traditionnelles des philosophies classiques – telles qu'elles étaient réinscrites dans les philosophies contemporaines – avec les concepts scientifiques des nouvelles doctrines donne un résultat sans équivoque : on ne saurait penser ces concepts sous ces catégories. Pis : ces concepts semblent mettre en pièces ces catégories, pourtant tenues pour intangibles. Si bien que les édifices philosophiques classiques paraissent ruinés : ayant perdu le contact avec le mouvement de la science qui leur donnait vie, ils sont comme fossilisés : froids témoins d'un passé révolu dans le présent d'une histoire dramatique.

D'où le diagnostic bachelardien : inadéquation. D'où son projet de « constituer une philosophie adéquate aux sciences contemporaines ». Mais il est temps de chercher à préciser ce que signifie, cette fois-ci *positivement*, cette adéquation. Les textes sont ici remarquablement concordants :

(18) Le chapitre premier du livre de Meyerson *De l'explication dans les sciences* s'intitule : « La science exige le concept de chose. »

chaque fois que Bachelard évoque l'idée de cette philosophie inédite, il la présente comme une « philosophie pluraliste » et il use d'un terme qu'il a lui-même forgé pour désigner ce pluralisme, celui de *polyphilosophie.*

C'est dans *la Philosophie du Non* que se trouve, sur ce point, la page essentielle. Elle constitue la conclusion de l'analyse de la notion de masse selon son « profil épistémologique » : « Tout ce chaos peut s'ordonner, explique Bachelard, si l'on veut bien avouer qu'une seule philosophie ne peut pas tout expliquer et si l'on veut bien mettre en ordre les philosophies. Autrement dit, chaque philosophie ne donne qu'une bande du spectre notionnel et il est nécessaire de grouper toutes les philosophies pour avoir le spectre notionnel complet d'une connaissance particulière (19). »

Mais déjà, quelques pages plus haut, il avait indiqué : « Nous aboutirons pour caractériser la philosophie des sciences à un pluralisme philosophique seul capable d'informer les éléments si divers de l'expérience et de la théorie... Nous définirons la philosophie des sciences comme une *philosophie dispersée*, comme une *philosophie distribuée.* »

Le même discours se poursuit, à distance, dans

(19) *La Philosophie du Non*, p. 49.

*le Rationalisme appliqué* qui, d'entrée de jeu, reprend le projet d'une « polyphilosophie » et conclut : « La philosophie purement empirique est une philosophie monodrome, insuffisante pour suivre tous les mouvements de la recherche scientifique. Dans ces conditions, nous croyons à la nécessité, pour une *épistémologie complète*, d'adhérer à un polyphilosophisme (20). »

Par conséquent, cette philosophie « adéquate » dont Bachelard annonce la venue doit être un rassemblement philosophique; une philosophie qui conjuguerait en elle-même des catégories issues de toutes les philosophies antérieures.

On aura relevé le profond paradoxe de la position de Bachelard. Au moment même où il montre que les philosophies traditionnelles, bâties sur des catégories « inadéquates », ne peuvent, ni les unes ni les autres, rendre compte des concepts, des théories et des expériences qui sont venus depuis peu bouleverser le visage de la physique, le voici qui, semble-t-il, entreprend de sauver toutes ces catégories en les invitant à « coopérer », à se « coordonner », comme s'il attendait de leur communion une manière de résurrection dans une adéquation retrouvée.

(20) *Le Rationalisme appliqué*, p. 36.

D'où, dans les livres de Bachelard, ce discours ininterrompu qui *double* toujours le discours polémique et destructeur que nous avons dégagé dans les pages précédentes : il faut « assouplir » les philosophies traditionnelles; qu'elles « échangent leurs conseils »; ou encore – thème constant du *Nouvel Esprit scientifique :* les nouvelles disciplines ne sont ni rationalistes au sens classique ni empiristes, mais les aspects nouveaux des mathématiques, des sciences physiques et chimiques mettent en évidence une étroite « coopération » de rationalisme et de réalisme.

Il y a dans la coexistence de ces deux discours une énigme à résoudre. Énigme d'autant plus redoutable que c'est le premier discours qui se donne comme fondement du second après en avoir pourtant préalablement invalidé les termes.

On ne peut, à mon sens, lever cette énigme qu'en faisant retour au présupposé commun de ces deux discours : l'idée même d'une « adéquation » (à venir) de la philosophie (annoncée) aux sciences nouvelles; en se reportant, puisque c'est le présupposé de ce présupposé, aux formes de la dénonciation, dont nous avons lu les arguments, de l'inadéquation des « philosophies traditionnelles ». Or, c'est un point de grande importance théorique mais qui, à ma connaissance, n'a jamais été apprécié à sa juste portée : l'inadéquation actuelle des catégories philosophiques classiques n'est jamais présentée que comme « adéquation passée ». Autrement dit : la dénonciation de l'inadéquation des philosophies traditionnelles s'adosse toujours, chez Bachelard, à l'affirmation de l'adéquation des philosophies classiques aux sciences de leur temps.

Pour ne prendre qu'un exemple, il est constamment réaffirmé que le rationalisme kantien est une philosophie inapte à saisir l'originalité de la mécanique relativiste; l'idée, notamment, que l'espace et le temps soient des « formes » *a priori* de la sensibilité le lui interdit; aucun doute d'après Bachelard : un philosophe des sciences n'a que faire, à l'époque de la Relativité, des thèses de la *Critique de la raison pure*, il doit y renoncer. Mais Bachelard soutient en même temps que la philosophie kantienne eut, dans le passé, son heure d'adéquation, qu'elle fut parfaitement adéquate à la mécanique newtonienne, comme à la géométrie euclidienne. Ses premiers textes sont très nets sur cette question (21) : les philosophies classiques, aujourd'hui inadéquates, n'y sont rejetées que comme *périmées*. C'est pourquoi ces philosophies, pour avoir été adéquates à

(21) Nous verrons plus loin pour quelle raison théorique positive ses derniers ouvrages sont plus incertains, notamment les textes du *Rationalisme appliqué*.

un moment donné de l'histoire des sciences, conservent chacune une « adéquation partielle » à ceux des concepts des anciennes doctrines que l'histoire a sanctionnés comme scientifiques. D'où le projet, à première vue étrange, de chercher le contenu de sa nouvelle « philosophie adéquate » dans l'addition (ou la conjonction) des adéquations partielles des philosophies classiques.

Ce qui est véritablement décisif en l'occurrence, c'est que Bachelard ne mette jamais en question cette « adéquation » des philosophies classiques aux sciences qui leur étaient contemporaines. Au contraire : son argumentation consiste invariablement à retourner cette « adéquation » supposée contre les philosophies spiritualistes et positivistes. « Vous prétendez, leur dit-il en substance, construire des systèmes sur la base des catégories de la philosophie classique. Mais avez-vous réfléchi que ces catégories ont été élaborées pour " rendre compte " d'un état donné des sciences. Nous voici en un autre état, radicalement nouveau, et vous ne vous en souciez guère! Vous trahissez la démarche même des philosophes classiques dont vous prétendez être les héritiers. » L'adéquation des philosophies classiques aux sciences qui leur étaient contemporaines est donc posée, *postulée*.

Or cette idée ne va pas de soi. L'idée, par exemple, que la philosophie kantienne fût adéquate à la physique newtonienne n'est pas une idée simple. Elle peut signifier, en un premier sens, que les notions fondamentales de la philosophie kantienne « répondent » à un état donné des sciences physiques, qu'elles n'auraient pu être conçues et exposées comme elles le sont avant que s'établisse la science newtonienne. Voilà qui est incontestable : la démonstration en a été trop souvent faite pour que j'y revienne; la même démonstration peut se répéter à propos de chaque grande philosophie dans son rapport aux sciences (22).

Mais, en un autre sens, cette idée peut signifier aussi, comme l'implique le projet même de Bachelard, que ces philosophies sont le *reflet exact* des sciences de leur temps. Or cette idée, elle, est éminemment contestable. Elle correspond tout à fait à la représentation que se font

(22) Althusser est revenu plus d'une fois sur ce point. En particulier dans *Lénine et la philosophie* (Maspero. 1969) et dans son *Cours de philosophie pour scientifiques* (Maspero. 1974). Si l'on veut des exemples d'études approfondies pour illustrer cette remarque, on se reportera aux travaux de Jules Vuillemin, surtout à *Physique et métaphysique kantiennes* (P.U.F. 1955) et *Mathématiques et métaphysique chez Descartes* (P.U.F. 1960).

les philosophies classiques de leur propre rapport aux sciences. On peut même dire que cette représentation est au cœur de toutes les philosophies idéalistes bourgeoises « classiques » de Descartes à Husserl. C'est justement cette prétention à être « adéquates » aux sciences contemporaines qui explique qu'elles se soient régulièrement évertuées à bâtir des « théories de la connaissance » pour dire la Vérité (philosophique) des sciences (23).

Bachelard reprend donc, sans critique, la représentation donnée par la philosophie idéaliste classique de son propre rapport aux sciences. Il ne paraît pas soupçonner qu'il puisse y avoir un *écart* entre cette représentation et les *rapports réels* existant entre cette philosophie et la pratique effective des sciences dont elle parle. Disons-le nettement : dans sa dénonciation de l'« inadéquation » des « héritiers » de la philosophie classique avec

(23) Dans son *Cours de philosophie pour scientifiques*, Althusser exprimait en ces termes l'opération théorique effective qui est la réalité silencieuse de cette prétention : « La science à laquelle se rapporte la philosophie est à la fois rabaissée à une place subordonnée, et exploitée en ses résultats – et en même temps elle se voit promue au rôle de modèle pratique et théorique de la philosophie même. » Je me contente ici de cette citation qui ne peut évidemment tenir lieu des justifications, longues et détaillées, qui pourraient venir à l'appui de cette thèse sur la philosophie.

lesquels il débat, Bachelard se laisse prendre à une mystification : celle que constitue la prétention des philosophies idéalistes classiques d'être « adéquates » aux sciences existantes. Il reconduit ce mythe d'une adéquation passée, lié comme on va le voir à une conception *spéculative* de la philosophie, pour soutenir le vœu de l'adéquation de la philosophie qu'il annonce.

Si l'on examine en effet maintenant ce que recouvre la déclaration d'« adéquation » des philosophies classiques, si l'on se tourne donc vers les rapports réels qu'elles entretiennent avec les sciences, on s'aperçoit que le soi-disant « reflet adéquat » qu'elles en donnent, dans le cadre des diverses « théories de la connaissance » qu'elles proposent, n'est que le masque d'une déformation systématiquement pratiquée par ces philosophies en vue de ce qu'on peut appeler un *détournement :* si les philosophies idéalistes classiques se dont l'écho des sciences contemporaines, ce n'est pas pur intérêt théorique, c'est régulièrement pour se les soumettre et, sur la base de cette soumission, s'autoriser de leurs « titres » pour justifier des « valeurs » idéologiques déterminées (morales, religieuses, esthétiques...). L'idée d'adéquation n'a donc d'autre fonction que donner le change (24).

(24) J'ai donné l'esquisse d'une analyse de ce point dans *Une crise et son enjeu* (Maspero. 1973).

Telle est la mystification dont est victime Bachelard. Mystification « classique » de la philosophie idéaliste. On pourrait donc s'attendre à ce qu'il élabore, à hauteur des sciences contemporaines, un nouveau système qui rajeunirait cette philosophie. Répétant, en somme, à l'égard du spiritualisme ce que Descartes avait fait à l'égard de la philosophie scolastique, ou ce que Kant avait fait à l'égard de la philosophie cartésienne. C'est du moins, semble-t-il, ce à quoi il s'engage par son annonce.

Pourtant, je le répète encore une fois, jamais cette philosophie ne paraît. L'œuvre épistémologique de Bachelard s'achève sans que le projet de cette philosophie pluraliste trouve à se réaliser. Que s'est-il donc passé qui ait condamné Bachelard à manquer son projet?

Ceci de tout à fait singulier : c'est qu'au moment même où il redonne vie à l'idée d'adéquation, il refuse ce précisément pourquoi, dans les philosophies idéalistes, cette notion est composée : la mise au pouvoir de la philosophie sur les sciences. Dès le début du *Nouvel Esprit scientifique*, Bachelard écrit : « Autant dire qu'il ne faut pas partir d'une attitude philosophique générale pour juger la pensée scientifique (25). » Et constam-

(25) *Le Nouvel Esprit scientifique*, p. 2.

ment ce rappel, véritable mot d'ordre : c'est la science qui doit ordonner la philosophie. Le philosophe doit recevoir son enseignement des sciences : il doit « se mettre à l'école des savants ». Son article, paru au même moment, sur « le concept de frontière épistémologique », est tout entier consacré à mettre au jour les entraves qu'imposent à la pensée scientifique les *a priori* philosophiques (26). S'il y a, pour Bachelard, une juridiction souhaitable, ce n'est pas celle de la philosophie sur les sciences, mais au contraire celle des sciences sur la philosophie. Par conséquent : la philosophie n'a pas à dire la vérité des sciences pour se les soumettre et les contrôler; elle n'a pas, selon l'expression du *Rationalisme appliqué*, à imposer un « sur-moi » à la science (27). Entendons qu'elle n'a ni à lui fixer d'interdits ni à lui proposer d'idéal.

En refusant toute juridiction de la philosophie sur les sciences, Bachelard ne se donne pas simplement, comme il le pense, les moyens d'une « mise à jour » de la philosophie dans son rapport aux sciences : il brise le dispositif classique des théories de la connaissance. Il le frappe dans son mécanisme essentiel.

(26) *Études*, p. 84-85.
(27) *Rationalisme appliqué*, p. 14.

Il me semble que tout le mystère de l'épistémologie bachelardienne peut s'éclairer à partir de ce point : d'une part, Bachelard prend appui sur la réorganisation des sciences physiques contemporaines pour *défendre* les sciences nouvelles contre leur déformation-exploitation par les philosophies idéalistes, sous leur variante spiritualiste et positiviste; mais d'autre part, dans cette défense même, il conserve à titre de projet l'idée d'une « adéquation » de la philosophie aux sciences : idée qui est précisément liée à cette déformation-exploitation, qui n'en est que l'alibi dans le discours explicite des philosophes idéalistes.

Dans ces conditions, il n'est pas étonnant que cette philosophie à venir, cette philosophie « adéquate », ne paraisse jamais; que Bachelard soit voué à répéter l'annonce d'un projet qui reste un vœu : cette philosophie est déconstruite au fur et à mesure de sa construction. Ou encore — autre façon de dire la même chose : cette épistémologie vise un leurre, une chimère idéaliste : la chimère idéaliste par excellence — celle du reflet adéquat de la science par la philosophie. Mais elle la vise à sa façon : *d'une façon qui en contredit la visée.*

Changeons de vocabulaire : nous dirons que Bachelard en rejetant la juridiction de la philosophie sur les sciences a changé de camp en philosophie (28) : il a quitté le terrain des philosophies idéalistes de la connaissance. Mais le terrain sur lequel il s'est établi, il ne le reconnaît pas. Sans doute parce que l'idée même qu'il y ait des « camps » en philosophie lui est étrangère.

On comprend que les catégories de son épistémologie se déploient dans l'espace ménagé par un double jeu : le jeu des thèses philosophiques matérialistes qu'il dégage dans sa lutte pour les connaissances scientifiques et de la chimère philosophique idéaliste toujours présente à l'horizon de cette lutte. Ce double jeu, comme on va le voir, produit des effets contradictoires.

(28) Je reprends ici la terminologie classique du marxisme-léninisme qui considère que toute l'histoire de la philosophie s'explique par l'opposition de deux grands « camps » : celui du matérialisme et celui de l'idéalisme. Comme on verra plus loin, la division entre ces deux camps contradictoires s'effectue sur une thèse fondamentale : pour l'un, l'*être* est premier par rapport à la *pensée* (c'est le matérialisme); pour l'autre, c'est la *pensée* qui est première par rapport à l'*être* (c'est l'idéalisme). Bien entendu, cette division tranchée, fondamentale, que je restitue ici dans les termes qu'ont employés Engels (notamment dans *l'Anti-Duhring* et dans *Ludwig Feuerbach*) et Lénine dans *Matérialisme et empiriocriticisme*, n'épuise pas l'infinie diversité des « formations philosophiques » particulières qui naissent sur la base de cette contradiction principielle : ces doctrines combinent, chacune dans une disposition qui lui est propre, des éléments matérialistes et des éléments

idéalistes. La thèse marxiste n'a donc pas le simplisme qu'on lui a souvent prêté d'affirmer que l'histoire ait mis face à face, des deux côtés d'une ligne infranchissable, tracée une fois pour toutes, des philosophies purement matérialistes et des philosophies purement idéalistes. Au contraire : la ligne de partage traverse les doctrines particulières elles-mêmes. Pour ne prendre qu'un exemple : Marx, Engels puis Lénine ont toujours soutenu que le matérialisme des philosophes du XVIII^e siècle, bien qu'il appartînt au camp du matérialisme, était « mécaniste », « métaphysique » et, comme tel, traversé par une tendance idéaliste. Les diverses combinaisons spécifiques de matérialisme et d'idéalisme dont l'histoire de la philosophie varie sans cesse les formes, qui *constituent* cette « histoire », sont à rapporter non à la philosophie elle-même, mais à son dehors : à l'histoire des sciences et, en dernière analyse, à celle des formes de la lutte de classes. Cela dit pour prévenir une interprétation erronée du lecteur qui verrait dans la combinaison que je fais apparaître ici, dans l'œuvre de Bachelard, entre des thèses matérialistes et des positions idéalistes, soit un désaveu de la position marxiste-léniniste au moment même où je l'invoque, soit un événement singulier qui placerait Bachelard dans une situation d'exception par rapport à l'histoire de la philosophie tout entière. Ce que je m'attache bien plutôt à montrer, c'est que, dans la combinaison qu'il réalise, la contradiction affleure à chaque instant, criante, au point de laisser subsister, pour finir, une faille irréductible. Cela sans doute est exceptionnel, singulier. Mais cela seulement.

CHAPITRE II

# LES THÈSES PHILOSOPHIQUES DE BACHELARD

Dans sa « défense » des sciences existantes, dans la lutte qu'il mène pour faire reconnaître aux philosophes la nouveauté radicale des doctrines physiques apparues au début du siècle, dans son effort constant pour les rendre sensibles « aux valeurs philosophiques de la science », Bachelard dégage, petit à petit, un certain nombre de thèses philosophiques. Il est vrai que ces thèses ne sont pas immédiatement lisibles, formulées comme telles, dans ses textes : d'abord parce qu'elles y sont toujours « prises » dans le mouvement polémique qui les anime; toujours posées et défendues à travers l'analyse d'un concept scientifique donné de l'histoire des sciences; mais aussi parce qu'elles sont constamment à la recherche de leur formulation : elles paraissent donc sous des expressions diverses, constamment réajustées, parfois déconcertantes dans leur variété.

Il me semble pourtant qu'elles ont l'unité et

la permanence, la solidité aussi, d'un véritable « noyau philosophique » qu'il est possible d'extraire de la suite des livres d'épistémologie de Bachelard. Malgré leur dispersion apparente, elles définissent en réalité un système de positions qui sont tenues avec fermeté : la base d'appui d'où il intervient en philosophie. Reconnaître cette base, c'est se mettre en mesure d'éclairer le sens de ces interventions.

Les remarques précédentes trouvent leur application immédiate concernant la thèse philosophique majeure qui, de livre en livre, guide le travail épistémologique de Bachelard. J'énonce, sans plus attendre, cette thèse centrale : c'est celle de l'*objectivité* des connaissances scientifiques. Elle constitue le présupposé de ses analyses aussi bien en Physique qu'en Chimie : dans tous les cas, il affirme (ou réaffirme contre tel ou tel adversaire) l'objectivité de toute connaissance scientifique d'un objet. Voilà une thèse très simple, qui paraîtra de « bon sens » à tout lecteur scientifique, mais qui, ainsi posée, est pourtant lourde d'implications et de conséquences philosophiques. Elle est, on peut le dire, révolutionnaire en son domaine. Pourtant, on doit aussi l'avouer, elle reste le plus souvent implicite dans les premiers ouvrages de Bachelard; et dans les derniers, où elle est explicitement et lucidement défendue, elle emprunte ses formulations au terrain même de l'adversaire pour pouvoir mieux l'y combattre.

Pour plus de commodité, je vais me référer à ces derniers textes pour faire apercevoir le statut théorique décisif de cette thèse.

Je crois qu'on peut la repérer sous une expression dont l'emploi, à partir du *Rationalisme appliqué* (1949), devient à ce point constant qu'il est presque rituel. Je veux parler de la notion de « valeur épistémologique » (1).

La notion de « valeur épistémologique » est indéniablement la notion philosophique clé du der-

(1) L'expression, d'abord fugitive sous sa plume, devient un leitmotiv de sa philosophie des sciences à partir du *Rationalisme appliqué* mais elle n'entre nullement en contradiction avec les thèses soutenues dans les ouvrages précédents : elle leur donne une formulation que Bachelard tiendra pour définitive comme en témoigne son dernier texte d'épistémologie qui s'intitule précisément « le Nouvel Esprit scientifique et la création des valeurs rationnelles ». Ce texte, reproduit dans *l'Engagement rationaliste* (p. 90-99), a l'intérêt de marquer le trait d'union qui relie entre eux tous ses ouvrages d'épistémologie et de le fixer précisément dans la notion de « valeur épistémologique ».

nier ouvrage de Bachelard consacré aux sciences physiques : *l'Activité rationaliste de la physique contemporaine.* Établie dans les premières pages de l'ouvrage, elle fournit le fil conducteur d'une démonstration qui veut déterminer les conditions que devrait remplir « la philosophie de la culture scientifique » dont l'auteur souhaite être l'initiateur. Cette philosophie, explique-t-il en propres termes, doit faire apparaître l'histoire des sciences comme l'émergence progressive et la réorganisation permanente de « valeurs épistémologiques ». Il me semble que, dans le texte même, cette expression ne peut être comprise que si l'on y décèle l'intention d'une double polémique. Contre la tradition de la « philosophie des valeurs » (éthiques, esthétiques, religieuses...) Bachelard revendique le droit pour l'épistémologie de traiter aussi de « valeurs ». Il suggère même, avec une certaine insistance, que la pratique des sciences pourrait bien être le lieu où se construisent les valeurs rationnelles les mieux assurées (2). L'expression

(2) Témoin cet autre texte contemporain de celui que nous commentons : « Si l'on dressait un tableau général de la philosophie contemporaine, on ne manquerait pas d'être frappé du peu de place qu'y tient la *philosophie des sciences.* D'une façon plus générale, les *philosophies de la connaissance* semblent de nos jours en défaveur. L'effort du savoir paraît entaché d'utilitarisme; les concepts scientifiques pourtant si

de « valeur épistémologique » a donc pour fonction de rappeler aux philosophes de profession, dans leur propre vocabulaire, qu'ils auraient grand intérêt à ne pas négliger, comme ils le font, les acquis des sciences contemporaines.

Mais, par cette expression, Bachelard vise aussi la tendance dominée de la tradition philosophique française, la tendance positiviste, tendance interne à la philosophie des sciences. Contre les dissertations traditionnelles depuis Poincaré sur « la valeur de la science », contre les professions de foi sceptiques et relativistes dont elles étaient l'occasion privilégiée, Bachelard invite les épistémologues à *prendre acte* de l'apparition constante de nouvelles valeurs épistémologiques dans la

bien accordés sont tenus pour de simples valeurs d'ustensilité. L'homme de science, à la pensée si opiniâtre, si ardente, à la pensée si vivante, est donné comme un homme abstrait. De proche en proche, toutes les valeurs de l'homme studieux, de l'homme industrieux, reçoivent un discrédit. La science n'est plus qu'une petite aventure, une aventure dans les pays chimériques de la théorie, dans les labyrinthes ténébreux d'expériences factices. Par un paradoxe incroyable, à entendre les critiques de l'activité scientifique, l'étude de la nature détournerait les savants des valeurs naturelles, l'organisation rationnelle des idées nuirait à l'acquisition d'idées nouvelles » (« le Problème philosophique des méthodes scientifiques », 1949, reproduit dans *l'Engagement rationaliste*, p. 35-44).

pratique scientifique contemporaine. C'est ce qui est clairement indiqué dans les lignes suivantes : « Dans le destin des sciences les valeurs rationnelles *s'imposent.* Elles s'imposent historiquement. L'histoire des sciences est menée par une sorte de nécessité autonome. La philosophie des sciences devrait prendre systématiquement pour tâche la détermination et le classement hiérarchique des valeurs épistémologiques. Bien vaines sont les discussions générales sur la *valeur de la science...* »

La locution métaphorique de « valeur épistémologique » est donc ambiguë. Cette ambiguïté ne s'explique pas seulement par son insertion dans une polémique historiquement datée, elle a sa raison ultime dans les contradictions du dispositif philosophique de Bachelard lui-même. Nous aurons l'occasion de le démontrer. Mais, pour l'instant, il suffit de dégager l'acception positive de l'expression, qui transparaît dans la page que nous venons de lire : Bachelard énonce, sans équivoque la thèse selon laquelle la vérité d'une vérité scientifique « s'impose » d'elle-même; ce qui veut dire qu'elle n'est pas en attente d'une « fondation » ou d'une « garantie » philosophique. La connaissance scientifique, en tant qu'elle est scientifique, *est* objective. Il faut ajouter que l'introduction de l'ouvrage retentit des avertissements donnés à ceux qu'il désigne, pour l'occasion, comme « métaphysiciens » : si vous voulez savoir ce qu'est l'objectivité, ne cesse-t-il de répéter, cessez de fonder, regardez ceux qui construisent! Prêtez attention au détail de la production scientifique contemporaine.

Il est maintenant temps de nous expliquer. En quoi cette thèse est-elle révolutionnaire? Pourquoi est-elle lourde d'implications philosophiques? Car on pourrait, à bon droit, m'objecter que Bachelard n'est certes pas le premier philosophe à caractériser la connaissance scientifique par son objectivité. C'est même le caractère qui lui est le plus traditionnellement reconnu. L'exemple de la philosophie kantienne, pour ne prendre que celui-là, offre le type d'une philosophie idéaliste dont toutes les questions, dans le domaine de la connaissance, sont commandées par celle de savoir à quelles conditions une connaissance objective est possible.

Mais, précisément, j'ai dit : cette thèse, *ainsi posée*, est révolutionnaire. L'important ici, c'est qu'elle soit posée, simplement posée. C'est une thèse qui ne fait, de la part de Bachelard, l'objet d'*aucune question*. Elle ne donne lieu à aucune théorie. Et si l'on veut tout de suite mesurer la distance qui sépare le travail de Bachelard de la philosophie kantienne que j'évoquais à l'instant, on notera, pour commencer, ce petit fait, qui est capital : qu'il faut à Kant toute une théorie, qui occupe dans son entier un livre aussi important que la *Critique de la raison pure*, pour résoudre une question que Bachelard, pour sa part, résout d'une proposition. Ou plutôt, pour être plus exact : qu'il ne pose pas en tant que question, puisqu'il substitue à la *question* de l'objectivité de la connaissance, la *thèse* selon laquelle les connaissances scientifiques sont objectives.

Laissons l'exemple de la philosophie critique pour donner à cette substitution toute sa portée.

On a vu plus haut que, dans leur période bourgeoise classique, les philosophies idéalistes comportent toutes, à titre de pièce maîtresse, une « théorie de la connaissance » qui est toujours directement ou indirectement une théorie du fondement de la science. J'avais laissé entrevoir que ces théories étaient le lieu même où s'effectue l'opération de détournement des sciences au profit de ces philosophies, détournement couvert par les déclarations d' « adéquation » de la philosophie aux sciences. Mais par quel mécanisme théorique interne ce « détournement » s'effectue-t-il? Nous ne le savons pas encore.

Or il faut le dire, le répéter, et sans doute faudra-t-il le redire encore plus d'une fois à ceux qui préfèrent être sourds que de l'entendre : l'immense intérêt théorique des livres que Lénine a consacrés à la philosophie est justement d'avoir présenté les éléments d'une théorie descriptive de ce mécanisme (3).

Il a mis à jour la structure *invariable* de ce mécanisme : un « jeu » qui porte sur deux questions essentielles. La première question, la question fondamentale, est celle du rapport entre l'être et la pensée. C'est elle qui divise, on l'a dit, la philosophie en deux camps : celui des matérialistes qui affirment le primat de l'être sur la pensée; celui des idéalistes qui affirment le primat de la pensée sur l'être.

La seconde question est justement celle de l'objectivité des connaissances.

Et voici le « jeu » dont je parle : le propre de toutes les théories de la connaissance – quelles que soient leurs variantes – est de *commencer*, dans leur discours explicite, par la question de l'objectivité des connaissances et de soumettre aux termes de sa solution la réponse à celle du rapport de l'être à la pensée.

Mais, comme le montre Lénine, lorsqu'on pose la question fondamentale du rapport de l'être à la

(3) J'ai développé ce point dans la première partie de mon livre *Une crise et son enjeu* (Maspero. Collection « Théorie ». 1973).

pensée sous la juridiction de la question secondaire de l'objectivité des connaissances, tout est déjà joué. Les dés sont pipés. Puisqu'on part d'une analyse *de la connaissance* pour statuer du rapport de l'être... à la pensée, la question, *de fait*, est déjà résolue en faveur de la pensée; et cela quelle que soit la réponse explicite qu'on apporte par après.

Tel est, réduit à l'essentiel, le dispositif théorique des théories de la connaissance. Or on voit que le « jeu » pour lequel il est monté consiste à faire passer en première ligne la question de l'objectivité des connaissances. Question qui se présente invariablement, au-delà de la diversité des doctrines particulières, sous la forme générale suivante : qu'est-ce qui *garantit* que la connaissance d'un *sujet donné* soit « en accord » avec l'*objet* qu'elle vise? Bref, la question de l'objectivité des connaissances est pensée comme celle du *fondement* de la *vérité* (définie comme « accord de l'esprit et de la chose ») de la connaissance. C'est le développement systématique de la réponse à cette question qui constitue le « contenu » de la « théorie de la connaissance ».

Mais, je le répète : si cette question est posée comme une *question* donnant lieu à une *théorie*, c'est en tant qu'elle permet de résoudre sous le primat, implicitement posé, de la pensée, la question du rapport de l'être à la pensée.

Que fait alors Bachelard en refusant de poser cette question comme une question mais en lui substituant une thèse qui *affirme* l'objectivité des connaissances? On peut le dire maintenant : il rompt avec l'espace théorique des philosophies idéalistes modernes. S'appuyant sur la tendance spontanément matérialiste de la philosophie des savants engagés dans leur pratique, il se met en devoir de construire son édifice épistémologique dans l'autre camp de la philosophie : dans le camp du matérialisme. Et si l'on en voulait une confirmation par la négative, une preuve par l'absence, on noterait qu'à aucun moment Bachelard ne propose de « théorie de la connaissance ». Ou encore une preuve par les effets : cette absence n'a jamais manqué d'être dénoncée comme une lacune par ses lecteurs philosophes idéalistes; c'est même elle qui lui a valu, si l'on peut dire, le mépris de ses adversaires les plus sévères qui n'y ont vu qu'une « philosophie manquée ». Non sans raison de leur point de vue.

La position de la *thèse* d'objectivité, la mise à jour de la structure spéculaire des théories de la connaissance qui se construisent autour de la *question* de l'objectivité, conduisent Bachelard à ce double résultat de faire apparaître la catégorie de *Vérité* comme le « ciment » des théories de la connaissance et de lui substituer non pas, à proprement parler, une autre catégorie de Vérité mais la thèse selon laquelle *les vérités* produites par les sciences s'établissent au fil d'un *processus*.

Que la catégorie de Vérité soit le ciment des théories de la connaissance, c'est ce qu'une simple enquête empirique dans l'histoire de la philosophie ferait déjà apercevoir (la philosophie idéaliste ne cesse de déclarer qu'elle « recherche » la vérité; si elle ne la recherche pas, elle la « questionne »; elle la « dévoile » : dans tous les cas, elle a, dit-elle, une complicité secrète avec elle), mais on en aura compris la nécessité lorsqu'on aura repéré, comme Bachelard, dans le couple Sujet-Objet, le couple catégoriel majeur de ces théories, leur invariant de base. Ce couple n'a en effet de sens que par le signe d'égalité qui s'institue entre ses termes : une connaissance est dite vraie (c'est-à-dire scientifique) lorsqu'on peut écrire :

Sujet = Objet

Dans l'équation Sujet = Objet chaque terme se réfléchit dans l'autre, dans l'immédiateté d'un *reflet*. Le Sujet est là, présent, l'Objet est là, présent. Leur double présence se réfléchit l'une dans l'autre. Cette double réflexion d'une double présence est la connaissance. Que la transparence d'un terme à l'autre soit sans obstacle, et la connaissance est dite vraie. Telle est la Vérité des philosophes idéalistes.

Telle est du moins, schématiquement présentée, la forme traditionnelle sous laquelle se présente « la *question* de la Vérité » dans les théories philosophiques de la connaissance. Or, une nouvelle fois, Bachelard refuse de poser cette question comme telle et lui substitue une thèse qu'on peut résumer en deux propositions équivalentes :

« La vérité scientifique est une vérité qui a un avenir. »

Et : « Les événements de la science s'enchaînent dans une vérité sans cesse accrue (4). »

Ces deux formules énoncent tout à la fois :

– que les sciences produisent des vérités; des vérités qui sont absolument des vérités : qui ne sont pas affectées-relativisées, selon l'argument classique des philosophies idéalistes sceptiques, par l'empreinte du sujet (précarité de la connaissance humaine, faiblesse de nos facultés...);

– qu'une vérité scientifique ne peut être tenue pour « absolue » au sens où elle serait le point final, le point de perfection de la connaissance; mais qu'elle n'est jamais qu'une étape sur un processus d'approximation croissante.

Comme on le voit, ces deux thèses permettent à

(4) *Matérialisme rationnel*, p. 86.

Bachelard d'introduire l'histoire dans la vérité sans pour autant tomber dans le relativisme. De fait : une vérité est toujours relative, sans pour autant laisser d'être absolument une vérité; quant à la vérité absolue, elle n'est pas la mesure ou le juge de la relativité des vérités relatives : elle n'est qu'une somme, la somme, des vérités relatives.

Une somme qui s'accroît sans cesse de nouvelles vérités : à ce processus n'est assignée aucune *limite*. Ainsi, lorsque Bachelard consacre un article au « Concept de frontière épistémologique », c'est pour expliquer que « philosophiquement, toute frontière absolue proposée à la science est la marque d'un problème mal posé » et que « scientifiquement, la frontière de la connaissance ne paraît marquer qu'un arrêt momentané de la pensée (5) ». Et contre tous ceux qui, sous l'emblème du « retour de Kant », avaient cru pouvoir s'autoriser à la fin du siècle dernier des difficultés de croissance de la physique moderne pour déclarer la connaissance humaine invinciblement limitée, bornée, incapable de résoudre par ses propres forces le mystère des « énigmes de l'univers », contre tous ces philosophes qui jouaient les savants, contre tous ces savants saisis par la spéculation philosophique idéaliste, il soutient la

(5) *Le Concept de frontière épistémologique*, reproduit *in Études*, p. 83.

thèse hégélienne, reprise mot pour mot dans l'article auquel nous nous référons, que « tracer une frontière, c'est déjà la dépasser ». Donc : le processus de l'établissement des vérités scientifiques est un processus sans fin.

Une dernière thèse vient compléter les précédentes. Une thèse qui qualifie l' « allure » de ce processus en quoi consiste la production des connaissances scientifiques : ce processus, dit Bachelard, est un processus *dialectique*. Cela est posé dès son premier ouvrage, dès l'*Essai sur la connaissance approchée*. Georges Canguilhem a bien montré comment Bachelard, à la recherche de garants philosophiques pour cette thèse, a cru d'abord pouvoir se référer à la philosophie d'Octave Hamelin (6) – l'un des seuls parmi les

(6) Octave Hamelin avait publié en 1907 son *Essai sur les éléments principaux de la représentation*, réplique à l'*Essai sur les données immédiates de la conscience* de Bergson. Bien qu'il reprenne le terme de « dialectique », loin de se rallier à la doctrine hégélienne à laquelle il se réfère explicitement, il en fait la critique dans les termes suivants : « A la contradiction hégélienne, nous substituons la *corrélation*. Le déterminé n'étant donc pas contradictoire en soi, mais seulement dans chacune de ses déterminations prises à part; il s'ensuit que la méthode synthétique, bien loin de se développer à la manière hégélienne, en des négations successives, devra procéder, au contraire, par des affirmations qui se compléteront et dont la der-

philosophes français de la fin du XIXe siècle à n'avoir pas craint de reprendre le mot à son compte; mais il a fort justement souligné aussi que ces références s'estompent dans les ouvrages suivants (en fait : dès *le Nouvel Esprit scientifique*) sans pour autant que le terme de « dialectique » disparaisse de son œuvre. Bien au contraire, comme j'aurai l'occasion de le montrer, l'emploi de ce terme s'étend à mesure que sont mieux ajustées les thèses philosophiques précédentes.

Qu'entendre alors, au juste, par ce mot de « dialectique » dont chacun conviendra qu'il est en lui-même très équivoque? Pour le préciser il faut à la fois tenir compte d'un *refus* et des formules auxquelles il parvient dans ses derniers travaux.

nière sera l'être achevé et intégralement défini. » On trouve de multiples références à Hamelin dans *le Nouvel Esprit scientifique*, c'est notamment à lui qu'il est fait allusion lorsqu'il est question des problèmes que le « nouvel esprit » pose à la « méthode synthétique »; à lui encore, lorsque reprenant un mot de sa propre Thèse, Bachelard écrit : « Au commencement, était la relation. » Il faut ajouter, pour éclairer des allusions qui ne nous sont plus transparentes, que les premiers ouvrages de Bachelard invoquent aussi, conjointement à celle d'Hamelin, la doctrine de Renouvier qui avait été l'inspirateur de ce dernier. Ainsi le titre du premier chapitre du *Nouvel Esprit scientifique* — « Les dilemmes de la philosophie géométrique » — fait écho au livre de Renouvier intitulé *les Dilemmes de la métaphysique pure* (1900).

Un refus : c'est celui de la dialectique hégélienne. Refus énergiquement exprimé dans *la Philosophie du Non :* « La philosophie du non, écrit-il, n'a rien à voir avec une dialectique *a priori.* En particulier, elle ne peut guère se mobiliser autour des dialectiques hégéliennes (7). »

Si l'on recherche alors ce que signifie positivement le terme de dialectique dans les textes bachelardiens, on peut d'abord être déçu par l'imprécision des métaphores qui se donnent comme son équivalent : mouvement d'animation, de mutations, élan de la pensée scientifique... Encore une fois, c'est l'intention polémique qui doit alerter sur le sens réel de ces formules : les pages où elles s'inscrivent ont régulièrement pour cible les conceptions « fixistes », « immobilistes » de la pensée... Elles ne retiennent de la dialectique que ce qui l'oppose aux catégories figées des « théories de la connaissance », toutes, sous des modalités diverses, ancrées aux formes constitutionnelles, *a priori* ou non, d'un « sujet ».

Mais, en d'autres textes et à mesure que l'œuvre progresse, le terme de dialectique qui s'enrichit de qualificatifs gagne en précision. Les mouvements dialectiques des sciences contemporaines sont « francs » — ce sont de « franches dialec-

(7) *La Philosophie du Non,* ch. 1.

tiques » — ils sont vifs, nets... Tous ces termes répondent à une même visée, déjà sensible dans *le Nouvel Esprit scientifique* : marquer la *discontinuité* de l'histoire des connaissances scientifiques. Faire entendre aux philosophes la leçon de ce brusque bouleversement des sciences physiques dont venait d'accoucher plus d'un demi-siècle de « crise » : contre le préjugé commun du positivisme comtien et du spiritualisme meyersonien, d'accord en ce point au moins, d'un développement continu du savoir par complexification progressive, Bachelard soutient qu'il y a dans l'histoire des sciences des « sauts », des « bonds », des « failles » ou pour reprendre l'une de ses plus fameuses expressions : des « ruptures ».

Cette discontinuité — dont Bachelard ne manque pas une occasion de marquer le tranchant dans l'histoire des concepts qu'il étudie — se spécifie comme mouvement de « rectification » de la base du savoir par son sommet. Les sciences, explique-t-il, ne progressent nullement par accumulation simple ou élargie, elles ne se développent pas non plus selon un modèle organique, comme un germe qui déploierait au fil du temps toutes ses virtualités. Elles ne partent pas de « principes » intangibles dont elles s'occuperaient à « déduire » laborieusement les conséquences. Non, elles procèdent tout autrement : au fur et à mesure qu'elles progressent, elles produisent des connaissances qui, par rétroaction, ébranlent puis ruinent leurs principes initiaux. Ou pour être plus exact : les sciences ne progressent réellement que par ce mouvement de retour, qu'en se dépouillant à mesure de leurs « premiers principes » pour s'en donner de nouveaux. « Les sciences, écrit Bachelard, ne partent pas de leurs principes, elles y vont. »

Tout cela se résume en un aphorisme, paradoxalement inscrit dans un ouvrage « littéraire » : le mouvement dialectique consiste à « détruire pour créer » (8).

Tel est l'ensemble des thèses philosophiques très générales qui sont à l'œuvre dans les travaux épistémologiques de Bachelard. Ces thèses, au risque d'être accusé d' « abstraction », j'ai pris la liberté de les *extraire* des nombreux textes où elles « fonctionnent » souvent explicitement, mais parfois sourdement. J'ai cru pouvoir me livrer à cette opération d'extraction pour mieux mettre à jour le *système* qui les coordonne entre elles : système qui est voilé, dans la littéralité des textes, par la luxuriance d'un style qui se refuse à se fixer en un vocabulaire établi et par la diversité des objets concrets qui y sont travaillés.

(8) *La Terre et les rêveries de la volonté*, p. 48.

Ce qui m'a permis de parler de « système », j'y reviens une dernière fois, c'est la position dominante d'une de ces thèses : la thèse de l'objectivité des connaissances scientifiques, qui commande les autres et situe la position philosophique de Bachelard hors de l'espace théorique des théories de la connaissance, c'est-à-dire hors du lieu commun de toutes les variantes modernes de l'idéalisme philosophique.

On peut, au demeurant, pour plus de clarté, recueillir l'ensemble systématique de ces thèses en une seule formule : *les sciences produisent des connaissances objectives qui s'enchaînent en un processus dialectique sans fin de vérité croissante.*

Pourtant, si je m'arrêtais ici, on pourrait m'accuser de simplification abusive : de laisser de côté, comme quantité négligeable, toute la réalité concrète des recherches de Bachelard, par un souci de formalisation philosophique aveugle dans sa rigueur.

Ces reproches seraient tout à fait fondés. C'est pourquoi il nous faut maintenant revenir à mon point de départ qui a d'avance fixé les conditions, les fins et les limites de cette « extraction ». Je rappelle donc ce point capital : l'épistémologie de Bachelard recèle une contradiction dans son dispositif théorique fondamental. Contradiction entre le parti pris de rejeter toute juridiction de la philosophie sur les sciences et la conservation, sous la forme d'un projet toujours en attente de sa réalisation, de l'idée d'une « adéquation » de la philosophie aux sciences : l'idée même qui, dans les philosophies idéalistes, « couvrait » cette juridiction-exploitation, dans les formes de laquelle elle se réalisait.

Nous venons de voir quelles thèses positives le rejet de la juridiction-exploitation lui a permis d'établir. Il nous faut maintenant examiner les effets de ce que nous avons appelé la représentation idéaliste spéculative de la philosophie à l'ombre de laquelle ces thèses sont posées.

Ces effets sont de deux types. Les uns portent sur ces thèses positives elles-mêmes : ils rendent compte de quelques hésitations et contradictions fondamentales que Bachelard n'en a jamais eu fini de liquider. Les autres portent non sur ces thèses mais sur le champ théorique qu'elles ouvrent. Un champ théorique tout nouveau qui n'est pas reconnu comme tel par Bachelard et dont la méconnaissance constitue ce que je proposerai d'appeler l'illusion épistémologique bachelardienne. On comprendra que je réserve à ce dernier point un chapitre spécial.

Je commence donc par les effets de la contradiction interne sur les thèses philosophiques elles-mêmes. En prenant pour exemple celle de la dialectique dont nous venons d'expliciter le contenu.

Que lisons-nous dans les textes de Bachelard?

Dans l'article sur le « Surrationalisme » qui fait écho au *Nouvel Esprit scientifique* et en résume les positions essentielles, cette déclaration : « La dialectique tout interne de la pensée rationnelle n'apparaît vraiment qu'au XIXe siècle (9). » Que désigne cette dialectique tout interne? Le *Nouvel Esprit scientifique* est très clair : elle désigne un « dédoublement » des notions de base de la physique (10), ou encore, comme il est dit dans *la Formation de l'esprit scientifique* une « dissociation ». Ce dédoublement, cette dissociation qui sont montrés sur la notion de simultanéité et, surtout, sur la notion de masse dont l'exemple est repris dans *la Philosophie du Non*, Bachelard tient que ce sont les *mathématiques* qui les opèrent. Très précisément : Bachelard soutient que la physique contemporaine doit toute son originalité – qui fait aussi toute sa difficulté

(9) Le *Surrationalisme*, reproduit *in l'Engagement rationaliste*, p. 8.

(10) C'est le thème le plus constant du *Nouvel Esprit scientifique* qui l'expose à propos de la notion de masse, de simultanéité, mais aussi à propos des concepts mathématiques élémentaires.

pour les esprits rompus aux doctrines scientifiques classiques — d'un nouveau type d'intervention des mathématiques dans la formation des concepts et la mise au point des expériences : les mathématiques, répète Bachelard page après page, ne sont plus descriptives, elles ont un rôle « formateur », elles entretiennent un rapport de « constitution » avec les objets de la physique nouvelle. On sait même que, pour penser ce nouveau statut des mathématiques, Bachelard n'hésite pas à emprunter le terme de « noumène » à la philosophie kantienne et à le détourner de son sens pour désigner ce travail des mathématiques « en dessous du phénomène » (11).

Mais ne laissons pas échapper l'essentiel. L'essentiel, c'est que la *dialectique n'est attribuée qu'à la pensée scientifique contemporaine, à celle qui relève du « nouvel esprit scientifique »*.

A lire les premiers ouvrages épistémologiques de Bachelard, notamment *le Nouvel Esprit scientifique* et *la Philosophie du Non*, le caractère dialectique du processus de production des connaissances scientifiques, qui s'identifie au caractère « nouménal » de l'activité mathématique, daterait de 1905!

J'ai pourtant montré comment cette catégorie de

(11) Voir note en appendice de ce chapitre page 89.

dialectique était une catégorie philosophique générale, complément de la thèse elle-même générale d'objectivité : une catégorie dont l'application, loin d'être limitée à tel ou tel moment de l'histoire effective des sciences, porte sur le processus de production des connaissances scientifiques en lui-même, absolument.

Voilà qui, me semble-t-il, a aussi été reconnu, très explicitement, dans les derniers livres. Mais sans que la première position soit clairement rectifiée. D'où cette *hésitation* théorique dont je ne prendrai pour preuve qu'un texte, très remarquable à cet égard, du *Rationalisme appliqué.* On a la surprise de voir Bachelard, au moment où il veut faire apparaître le caractère dialectique des développements de la science contemporaine, invoquer l'exemple... de la loi de la chute des corps (12)! Au reste, toute la première partie de l'ouvrage souffre de cette équivoque : ce qui est affirmé des sciences contemporaines semble à chaque instant déborder le cas, bien particulier, de ces sciences.

La même remarque peut être étendue à la notion de « rupture » (13). La même hésitation se répète

(12) *Le Rationalisme appliqué,* p. 38

(13) La notion de « rupture » a donné lieu à suffisamment de malentendus, d'extrapolations et d'emplois abusifs pour que je ne croie pas inutile de rappeler

en effet à son propos. On pourrait lui donner la forme brutale de l'alternative suivante : la rupture est-elle un événement daté, historiquement repérable dans l'histoire des sciences physiques, est-elle le propre du « nouvel esprit scientifique »? N'est-elle qu'une autre façon de dire que la pensée des physiciens du XXe siècle, à la différence de ceux d'hier, est « nouménale » parce que mathématiquement normée? Ou bien : la « rupture » est-elle le propre de toute connaissance scientifique? N'y a-t-il, en général, de connaissance scientifique que sous condition de rupture? Doit-on alors en faire « un postulat épistémologique » qui dépasserait ce qui ne serait alors que l'occasion de sa reconnaissance : la constitution des nouvelles doctrines physiques?

Aux textes du *Nouvel Esprit scientifique*, selon lesquels la « rupture » entre connaissance com-

*a)* que, si on s'en tient à la lettre des textes de Bachelard, il n'est jamais question de « coupure » mais de « rupture »; *b)* que ce dernier terme qui n'apparaît qu'assez tardivement sous la plume de Bachelard désigne toujours, sous la réserve des hésitations que j'analyse ici, la discontinuité entre connaissance commune et connaissance scientifique. Toute la question étant de savoir si cette discontinuité est un phénomène qui n'apparaît qu'avec la microphysique où l'on travaille « en dessous » du phénomène, ou si elle est le propre de toute science dès lors qu'elle construit ses « objets ».

mune et connaissance scientifique est caractéristique de ce « règne épistémologique nouveau » qu'elles ont inauguré, on peut opposer tel ou tel texte de *la Formation de l'esprit scientifique* dont la portée est indiscutablement générale, qui affirme « qu'il faut accepter pour l'épistémologie le postulat suivant : l'objet ne saurait être désigné comme un " objectif " immédiat; autrement dit, une marche vers l'objet n'est pas initialement objective. Il faut donc accepter une véritable rupture entre connaissance commune et connaissance scientifique (14) ». Il est d'ailleurs bien remarquable que les textes du *Rationalisme appliqué*, eux aussi indécis sur ce point, en viennent à des compromis rhétoriques qui, pour habiles qu'ils soient, esquivent la difficulté plus qu'ils ne permettent de l'éclairer. Ainsi dans les premières lignes du chapitre intitulé « Connaissance commune et connaissance scientifique », Bachelard écrit : « L'époque contemporaine *consomme* précisément la rupture entre connaissance commune et connaissance scientifique (15). » Une manière de jeu de mots puisque, comme chacun sait, tant qu'une rupture n'est pas consommée, on ne peut dire qu'elle soit effective; mais, comme chacun le

(14) *La Formation de l'esprit scientifique*, p. 239.
(15) *Le Rationalisme appliqué*, p. 102.

sait aussi, avant que la rupture soit consommée tous ses motifs ont dû apparaître.

Ces hésitations, ces contradictions persistantes et, pour finir, ces formules de compromis s'expliquent aisément.

J'ai montré en effet que la catégorie de dialectique (et donc : la notion de « rupture » qui lui est liée) n'avait pu être constituée par lui que sur la base de la *thèse* d'objectivité. Donc : à partir du refus de toute théorie de la connaissance. Ou encore : c'est parce que Bachelard a pris position en philosophie sur le terrain du matérialisme, parce qu'il a établi ses thèses hors de l'espace théorique des philosophies idéalistes bourgeoises, parce qu'il a, dans sa pratique philosophique, pris position contre ces philosophies idéalistes, c'est pour toutes ces raisons, qui n'en font qu'une, que Bachelard a pu défendre les thèses qu'il défend. Mais comme il vit sur l'illusion d'une adéquation effective des philosophies idéalistes classiques aux sciences de leur temps, il ne peut tirer les conclusions ultimes de sa propre pratique; il ne peut accéder à la vérité théorique de sa propre prise de parti : il pense donc ses thèses comme simple réflexion d'un événement scientifique contemporain. D'où les limitations que nous avons relevées.

Mais d'un autre côté, ces thèses, ayant de fait

une portée générale, excèdent sans cesse l'objet auquel elles sont censées s'appliquer et, dans les derniers ouvrages surtout, semblent échapper à Bachelard lui-même : d'où les formules de compromis qu'il y avance. De ce point de vue, on peut bien, me semble-t-il, parler d'une évolution interne à l'œuvre de Bachelard : il avance constamment vers la reconnaissance du lien existant entre la *question* de l'objectivité et la juridiction-exploitation des sciences par les philosophes idéalistes; ou, ce qui revient au même, vers la reconnaissance du lien entre « sa » thèse d'objectivité et la contradiction qui l'oppose à toute théorie de la connaissance. Bref : il marche à tâtons vers le lieu d'où il parle...

# APPENDICE

L'emploi de la notion de « noumène » ou d' « activité nouménale » par Bachelard est constant dans ses premiers ouvrages. L'acception proprement bachelardienne du terme mérite d'être confrontée au sens kantien de la notion si l'on veut couper court à toute équivoque. Je tiens en effet que la notion bachelardienne est non seulement « non kantienne » – non conforme à la notion qui se désigne sous le même terme dans la *Critique de la raison pure* – mais même radicalement *antikantienne*.

Revenons donc à la notion kantienne. La difficulté de la notion, sa place centrale dans l'édifice théorique de Kant m'oblige à entrer quelque peu dans le détail du chapitre de l'Analytique transcendantale qui traite « Du principe de la distinction de tous les objets en général en phénomènes et noumènes ».

Ce texte, véritable bilan de l'Analytique, part du principe qu'il y a deux usages, et deux usages seulement, des concepts : un usage empirique et un usage transcendantal. Principe général qui est immédiatement appliqué aux concepts purs de l'entendement – aux « catégories » : ces concepts « contiennent », rappelle Kant, le principe de la possibilité de l'expérience. Or, ce « contenu » est bel et bien un contenu *vide :* ce contenu n'est pas constitué par un *objet* mais par la *possibilité* pour des objets de nous être *donnés*. Mais ces objets ne sauraient nous être donnés que par l'*expérience*. D'où l'on conclut que « tout ce que l'entendement tire de lui-même sans l'emprunter à l'expérience ne peut absolument lui être utile que dans l'usage de l'expérience », donc qu'il ne saurait y avoir d'usage des catégories qu'*empirique*. Point décisif, répète Kant : il ne saurait y avoir d'usage transcendantal des catégories. Si l'on se souvient que, d'une façon générale, « l'usage transcendantal d'un concept dans un principe quelconque consiste à le rapporter aux choses *en général et en soi* » et que la locution « en général et en soi » signifie : en dehors de toute intuition sensible, on le comprend aisément puisque, comme on vient de le dire, c'est l'intuition sensible qui fournit aux concepts purs de l'entendement (vides) leur contenu; qui leur confère leur « valeur objective ».

Mais si les catégories n'ont pas d'usage transcendantal, on peut les considérer en elles-mêmes, *abstraction faite de leur usage* (empirique). Qu'exprime alors la catégorie? Kant répond : « la pensée d'un objet en général », ce qui n'est de toute évidence pas un *usage* de la catégorie (ni empirique ni transcendantal) : c'est son *sens* transcendantal, c'est-à-dire « la forme pure de l'usage de l'entendement relativement aux objets en général et à la pensée ». D'où la position, d'abord tout hypothétique, de la notion de noumène : si j'enfreins la condition même de toute connaissance possible et que j'admette l'existence de « choses qui soient *simplement* des objets de l'entendement et qui *pourtant* peuvent être données, comme telles, à une intuition ». Le « noumène » remplit donc hypothétiquement le vide de la catégorie prise en elle-même. Il est l' « objet » supposé du « sens » transcendantal de la catégorie. Ce qui vient se loger dans le creux de la

« forme pure de l'usage de l'entendement ». Le noumène est l'objet hypothétique du non-usage des catégories, l'objet de ce que Kant appelle ici la « connaissance en soi », affranchie de la condition de l'expérience possible (ce qui revient à dire que c'est une non-connaissance).

Nouvelle étape dans la construction de la notion : Kant quitte le mode hypothétique pour fonder l'hypothèse. Si l'on revient en effet à la notion de *phénomène*, ce qui nous est donné par l'intuition sensible, ce divers que nous allons unifier pour en faire un objet par le travail des catégories, nous devons admettre, sous peine de faire de ce phénomène une simple apparence, qu'il est phénomène *de* quelque chose. Quelque chose qui *en soi*, c'est-à-dire indépendamment de notre sensibilité, doit être quelque chose. Tel est le noumène : « pensée de quelque chose en général où je fais abstraction de toute forme de l'intuition sensible ». Concept apparemment *négatif*, mais qu'il vaut mieux dire *« problématique »*, car il n'est pas absolument négatif. C'est ce que démontre Kant en se posant la question de savoir si le noumène est un *objet*. Or, pour qu'il soit un objet, il faudrait qu'il soit l'effet de la *conjonction* d'une catégorie et d'une intuition. Mais précisément l'idée de noumène surgit lorsqu'on fait abstraction, lorsqu'on s'affranchit des conditions de l'intuition sensible. Donc si le noumène doit être un objet, il faut supposer une autre forme d'intuition : une intuition intellectuelle. Or une telle intuition intellectuelle (qui seule donnerait au noumène un sens *positif*), on ne peut pas prouver qu'elle existe. Tout ce qu'on peut en dire c'est que nous n'en disposons pas actuellement. Mais d'un autre côté, on ne peut pas non plus prouver l'impossibilité d'une telle intuition. Donc : bien que le concept de noumène ne puisse être connu comme une réalité objective, il ne renferme aucune contradiction.

C'est pourquoi Kant peut dire qu'il est un concept problématique.

Dernier point : ce concept problématique est un concept nécessaire. Nécessaire parce que *limitatif :* il permet de tracer les limites au-delà desquelles notre entendement ne saurait être employé assertoriquement, mais seulement problématiquement. On peut donc dire que le concept de noumène n'est pas un concept négatif mais un concept problématique qui, parce qu'il est limitatif, n'a d'*usage* que négatif. Il dessine négativement la figure problématique d'un entendement qui connaîtrait son objet intuitivement par une intuition non sensible.

Qu'on relise un article comme « Noumène et microphysique » et l'on se convaincra sans peine du sens antikantien de la notion bachelardienne de « noumène ». Elle est précisément employée pour signifier que la physique contemporaine transgresse l'interdit kantien en produisant, grâce à la « valeur inductive » des mathématiques, des objets qui échappent à l'intuition sensible. Ce n'est donc pas une notion problématique dont l'usage serait négatif : mais une notion absolument positive qui a pour fonction de lever toute *limite* à la connaissance scientifique. Bachelard retourne la notion de « noumène » contre les présupposés de la philosophie critique.

CHAPITRE III

# L'ILLUSION ÉPISTÉMOLOGIQUE BACHELARDIENNE

Dans leur trembler. les thèses philosophiques matérialistes dégagées par Bachelard de la réorganisation générale des sciences physiques, en le précipitant hors de l'espace théorique des « théories de la connaissance », ouvrent à son investigation un terrain nouveau, laissé inexploré par les philosophies idéalistes.

Pour avoir substitué à la traditionnelle question de la connaissance, qui interdisait l'accès de ce terrain en en masquant les contours, la *thèse* de l'objectivité des connaissances, Bachelard se donne les moyens de poser un problème jusque-là insoupçonné : celui des *formes historiques concrètes où se réalise le processus sans fin en quoi consiste la production des concepts scientifiques.* Le terrain qu'il ouvre est ainsi celui d'une théorie de l'histoire de la pratique scientifique, de ses conditions (historiques et matérielles) et de ses formes.

On peut, dès à présent, apercevoir les « objets »

de cette théorie. Par exemple : quels rapports historiquement déterminés la pratique scientifique entretient-elle avec l'ensemble de la pratique sociale? Avec la pratique de production des biens matériels? Avec la lutte de classes sous ses différentes espèces, notamment avec la lutte idéologique de classes? Et encore, pour préciser davantage : s'il est vrai que la pratique scientifique est une pratique de production de concepts qui s'effectue sous des *rapports* déterminés (la division du travail scientifique), en quoi ces rapports, qui sont commandés par la norme théorique de leurs objets, sont-ils soumis à la détermination de ces autres rapports que sont les rapports de production et les rapports sociaux idéologiques qui reproduisent ces derniers? En d'autres termes : la division du travail scientifique, dans ses différentes formes historiques, est-elle, comme voudraient l'accréditer certains de ses agents, une division purement scientifique du travail scientifique, ou faut-il au contraire voir dans les formes qu'elle prend une retombée de la division sociale du travail, et en particulier de la division du travail manuel et du travail intellectuel qui règne dans les sociétés de classes?

Autre problème lié aux précédents : y a-t-il un sens à parler de « mode de production » des connaissances scientifiques? Si oui : peut-on repérer, dans l'histoire, plusieurs types de mode de production des connaissances scientifiques? Quel lien existe-t-il alors entre la succession de ces « modes de production » et celle des modes de production économiques? Et enfin, pour nous limiter dans cette cascade de questions : qu'en est-il des « agents » de la pratique scientifique, des individus qui entrent dans ces rapports spécifiques qui régissent la division du travail scientifique; qu'en est-il d'eux, compte tenu du fait qu'ils sont par ailleurs toujours déjà soumis, en tant que « sujets », à des rapports idéologiques; qu'en est-il d'eux, en particulier, dans une formation sociale comme la nôtre où c'est le même Appareil (l'École) qui contribue à assurer leur « assujettissement » idéologique et leur délivre les connaissances scientifiques élémentaires (1)?

Tous ces problèmes sont très « concrets », brûlants même puisqu'ils sont au cœur du malaise qui s'est installé depuis une dizaine d'années dans bien des laboratoires et des universités. Mais, comme on l'aura constaté, ces problèmes ne

(1) J'ai cité ici, en vrac, comme autant d'exemples, des problèmes dont il faudra bien un jour faire la théorie systématique. Mais ceux-là même que j'évoque, dans leur désordre apparent, sont ceux que Bachelard a rencontrés au fil de ses travaux, comme on va le voir plus loin.

sont pas des questions philosophiques : ce sont des problèmes d'histoire, des problèmes *scientifiques* qui relèvent, selon moi, de la science de l'histoire, de la science du processus de la lutte des classes : du matérialisme historique dont les pierres angulaires ont été posées par Marx.

Autrement dit : le système des thèses *philosophiques* de Bachelard permet de poser un ensemble de problèmes scientifiques. Les problèmes scientifiques concernant le processus d'acquisition des connaissances qui, en un sens, « correspondent », sur le terrain matérialiste, aux questions débattues, autour de la question de l'objectivité, dans les « théories idéalistes de la connaissance ». Mais sous cette réserve que cette correspondance n'a rien d'une réplique : non seulement il ne s'agit pas des mêmes questions mais les problèmes que permettent de formuler les thèses matérialistes sont justement des problèmes masqués, refoulés par les théories idéalistes : des problèmes qu'elles ont pour fonction d'escamoter.

Ces problèmes, Gaston Bachelard les met à jour, il les rencontre. Mais les conditions de cette rencontre ont d'ores et déjà été fixées par la contradiction qui travaille sa position en philosophie. Cette contradiction porte donc ici encore ses effets : car ce n'est pas le moindre paradoxe que réserve au lecteur cette œuvre, qui n'en est pas avare, que de voir Bachelard au moment même où il découvre, dans la solitude de son travail opiniâtre, seul contre tous, des problèmes qui ne relèvent pas de la philosophie, tenter désespérément ce tour de force de les penser en termes philosophiques. On aura compris que s'il y est ainsi irrésistiblement poussé, c'est parce qu'il est toujours en quête d'une « philosophie adéquate » aux sciences contemporaines; parce qu'il reprend obstinément à son compte la représentation spéculative idéaliste de la philosophie. Mais il est évident qu'il se met ainsi dans une situation intenable : dans une situation d'extrême dénuement théorique puisque, chemin faisant, il rejette toutes les catégories philosophiques traditionnelles des « théories de la connaissance » auxquelles il s'oblige néanmoins à avoir recours. Sa solution? : faire usage de toutes les catégories philosophiques mais en les transplantant sur un terrain qui n'est pas le leur. Résultat : elles y perdent leur sens, sans permettre pour autant au contenu des concepts scientifiques qu'elles recouvrent de s'exprimer adéquatement. D'où un effet extraordinaire de « brouillage » théorique qui rend des textes philosophiquement illisibles (2). Sauf à

(2) J'invoque ici un fait d'expérience : les textes du *Rationalisme appliqué*, par exemple, sont « illisibles »

comprendre, comme je le propose, que ces catégories n'ont d'autre fonction que de tenir lieu de concepts scientifiques absents : elles en sont les substituts, en état de métaphore généralisée si on les rapporte à leur acception philosophique première. Sans qu'on puisse dire pour autant qu'elles ne soient que de pâles figures intérimaires prêtes à céder le pas devant ces concepts au jour de leur avènement. Non : elles occupent la place et, dans leur déséquilibre interne, elles sont le symptôme tenace de la *résistance* de la composante idéaliste de la philosophie de Bachelard aux thèses matérialistes qu'il produit.

Je propose de désigner ce *recouvrement* des problèmes scientifiques posés par le processus historique de la pratique scientifique comme l'« illusion épistémologique » de Bachelard. Qu'on m'entende bien : je ne veux pas dire que Bachelard soit victime, *dans* son épistémologie, d'*une* illusion. Je prends le terme d'illusion dans le sens où, par exemple, Kant parle d'« illusion transcendantale » pour signifier que cette doctrine, obéissant à un mécanisme aveugle, se donne des « objets » imaginaires : que c'est une doctrine sans objet (de même que Kant voit dans la « psychologie » et

si on tente de les lire comme des *textes de philosophie* parmi d'autres. Mais cela ne leur ôte rien de leur intérêt. Simplement, il faut les lire *autrement*.

dans la « cosmologie » rationnelles des sciences sans objets); mais je soutiens en même temps que, sous réserve de la *critique* (3) du mécanisme qui les dote de leur consistance hallucinatoire, ces « objets » désignent obliquement des objets, eux bien réels, sur un autre terrain : sur celui de la *science* du procès de la pratique scientifique, canton du matérialisme historique (de la même façon que les « objets » de la « psychologie » et de la « cosmologie » rationnelles désignent, dans leur mystification, des questions qui ont un sens bien réel, selon Kant, dans le domaine de la morale) (4).

(3) C'est en ce sens que je parlais naguère de « critique » de l'épistémologie. On voit pourquoi je pouvais défendre l'idée que la tradition bachelardienne peut aider à « critiquer » l'épistémologie : le mécanisme de l'illusion qu'il s'agit de critiquer s'y manifeste en clair, comme nulle part ailleurs (cf. *Pour une critique de l'épistémologie.* Maspero. Collection « Théorie ». 1972).

(4) La référence kantienne ne doit pas, à son tour, faire illusion : à la différence de Kant qui tient l'illusion transcendantale pour « naturelle et inévitable » parce que liée à la constitution même de la raison humaine, l'illusion épistémologique n'obéit à aucun mécanisme naturel : elle n'est donc pas inéluctable. Elle reculera puis disparaîtra à mesure que progressera la *lutte* de la tendance matérialiste de la philosophie contre l'idéalisme encore dominant.

On ne s'étonnera pas que la difficulté se noue autour de la notion reine des philosophies idéalistes, la notion de Sujet. Difficulté qui se manifeste par un retour, sous un visage méconnaissable, de cette notion comme « moteur » du processus de production des connaissances et par un embarras théorique à penser le rapport effectif entre ce nouveau visage du Sujet, et les individus concrets qui s'instituent comme les sujets du processus. Ces questions hantent tous les ouvrages de Bachelard.

Le dispositif interne de l'épistémologie de Bachelard explique fort bien qu'il n'ait pu en définitive se passer de « sujet » : visant la constitution d'une philosophie « adéquate » aux sciences contemporaines, sans remettre explicitement en question le contenu de l'adéquation dont il fait crédit aux philosophies classiques, il ne peut laisser vide la place du sujet. Mais il ne saurait être question d'une restauration pure et simple d'un « sujet » psychologique ou d'un « sujet » transcendantal. ou de telle ou telle autre variante du Sujet des « théories de la connaissance » : il en a définitivement fait la critique. Ne lui reste plus qu'à trouver un « quasi-sujet », un sujet du processus de production des concepts scientifiques qui donne tous les gages d'être un « non-sujet ».

Bachelard a produit la catégorie de processus dialectique en posant la thèse d'objectivité et en ruinant en conséquence la catégorie de Sujet; pourtant, reculant devant sa propre découverte, il cherche à ce processus sans sujet... un sujet. On voit en quel sens je dis : quasi-sujet. «Sujet » d'un processus sans sujet.

Or il lui semble que l'activité des sciences physiques contemporaines le désigne clairement, à la seule condition d'avoir l'audace de l'identifier : *Ce « quasi-sujet », ce sont les mathématiques.*

S'il est, en effet, une thèse épistémologique qui traverse son œuvre, véritable leitmotiv des premiers aux derniers ouvrages, c'est bien que « les mathématiques sont la pensée de la physique ». Déjà *le Nouvel Esprit scientifique* énonçait la formule et la commentait longuement; *le Rationalisme appliqué* la reprend et *l'Activité rationaliste de la physique contemporaine* pose dès les premières pages que « les mathématiques sont une pensée, une pensée sûre de son langage. Le physicien pense l'expérience avec cette pensée mathématique (5) ». On a trop souvent tenu cette

(5) *L'activité rationaliste...*, p. 29.

singulière identification des mathématiques à la pensée de la physique pour une simple tournure de plume, une métaphore mal contrôlée dans son désir de provoquer le philosophe. Je crois au contraire qu'il faut la prendre au sérieux, comme y invite l'insistance que met Bachelard à la répéter. C'est bien la leçon essentielle du premier chapitre du *Rationalisme appliqué*, ce chapitre qui domine les derniers travaux épistémologiques de Bachelard, que de tirer du rapport de constitution existant entre mathématiques et physique dans les sciences contemporaines l'idée que les mathématiques « tiennent lieu » de toutes les formes classiques du sujet.

Cette thèse, en tant qu'elle porte en elle la trace de son origine, c'est-à-dire du rejet de la catégorie traditionnelle de sujet, a des *effets critiques* profonds sur certaines conceptions idéalistes dominantes des mathématiques. Mais en retour, comme on va le voir aussi, en ce qu'elle est restauration d'un nouveau type de sujet, elle emporte avec elle un certain nombre d'effets idéalistes très remarquables dans les textes de Bachelard.

L'effet critique le mieux assuré est, indéniablement, dans la réfutation de la thèse positiviste selon laquelle les mathématiques ne sont qu'un *langage*. Un langage bien fait qui trancherait sur le « langage courant », toujours inexact, approximatif et contradictoire. Cette thèse dont on pourrait chercher les origines dans les écrits de Galilée et dont on pourrait repérer ensuite, tout au long de l'histoire de la physique et des mathématiques jusqu'à nos jours, les expressions variées, avait connu, du temps de la Crise de la physique, une fortune prodigieuse : en France, Poincaré avait mis à son service l'autorité de son nom; mais elle avait été exprimée, dans des termes analogues, par Karl Pearson en Angleterre (6), par Mach en Allemagne, et reprise en Russie, jusque dans les rangs marxistes, par Bogdanov et les siens. Elle était de surcroît au centre des intérêts philosophiques du Cercle de Vienne (7). Or, dès 1928, dans *l'Essai sur la connaissance approchée*, Bachelard écrivait : « Les mathématiques sont un langage *qui pense tout seul* (8). » Première distance, timidement prise, avec la

(6) Notamment dans son célèbre livre sur *la Grammaire de la science* (1892).

(7) Il y a là, sans doute, un élément d'explication à l'indifférence persistante de Bachelard pour le courant néo-positiviste logique. Comme nous le verrons plus loin, non seulement Bachelard ne conçoit pas les mathématiques comme un « langage » mais il a eu une théorie du langage radicalement incompatible avec celle de ces philosophes.

(8) *Essai sur la connaissance approchée*, p. 10.

thèse positiviste. Dans *le Nouvel Esprit scientifique*, la critique est déjà vive : « On a répété sans fin que les mathématiques étaient un langage, un simple moyen d'expression. On s'est habitué à les considérer comme des outils à la disposition d'une Raison consciente d'elle-même, maîtresse d'idées pures d'une clarté anté-mathématique. Une telle segmentation pouvait avoir un sens à l'origine de l'esprit scientifique (9)... » Elle prend enfin, dans *l'Activité rationaliste*, la véhémence d'une exhortation : « Il faut rompre avec ce poncif cher aux philosophes sceptiques qui ne veulent voir dans les mathématiques qu'un langage. Au contraire la mathématique est une *pensée.* » « Les hypothèses scientifiques, écrit-il plus loin, sont désormais inséparables de leur forme mathématique; elles sont vraiment des pensées mathématiques (10). » Et reprenant une dernière fois la formule : « On a trop vite dit que les mathématiques étaient un simple langage qui exprimait, à sa manière, des faits d'observation. Ce langage est, plus que tout autre, inséparable de la pensée. On ne peut *parler* des mathématiques sans les comprendre mathématiquement (11). »

Ce que combat Bachelard dans cette thèse

(9) *Le Nouvel Esprit scientifique*, p. 53.
(10) *Activité rationaliste...*, p. 29.
(11) *Ibid.*, p. 30.

apparaît clairement dans les textes que je viens de citer : c'est le présupposé qui la soutient d'une « Raison », d'un « Esprit » ou d'une « Pensée » antérieure et extérieure au processus de productions des concepts. Présupposé solidaire des théories idéalistes de la connaissance.

Corrélativement – cela transparaît aussi – Bachelard prend position contre la conception selon laquelle les mathématiques seraient un simple « jeu » : le jeu gratuit d'une intelligence qui s'abandonnerait aux délices de ses virtualités combinatoires. Il ne manque pas de mathématiciens, et de professeurs de mathématiques, pour faire de cette thèse le noyau de leur philosophie (idéaliste) de mathématiciens, mais outre qu'elle doit faire face à de redoutables difficultés théoriques lorsqu'elle doit rendre compte de l'« application » des mathématiques à la physique, oscillant entre le mystère d'une prédestination quasi divine et celui d'un occasionalisme arbitraire, elle repose sur le même présupposé d'une extériorité de l'esprit par rapport à ses propres opérations. Le présupposé que Bachelard dénonce.

La contrepartie de ces effets critiques antipositivistes apparaît aussitôt. Car, non seulement leur identification à « la pensée de la physique » détourne Bachelard de s'intéresser aux mathématiques en elles-mêmes pour ne les envisager que dans leur rapport à la physique (12), mais elle a aussi pour conséquence de priver les mathématiques d'un objet qui leur serait propre. Bachelard refuse aux mathématiques tout champ d'expérimentation spécifique : pas de domaine du réel sur lequel elles expérimenteraient. Autant dire que, pour lui, les mathématiques ne sont pas une science comme les autres : leur situation est même si exceptionnelle qu'on pourrait soutenir qu'à ses yeux, les mathématiques ne sont pas une science au sens plein du terme. Faut-il le redire : cette conception est la conclusion parfaitement logique de la thèse qui fait des mathématiques le « sujet » du processus des sciences physiques.

C'est de la même façon qu'on peut expliquer que Bachelard, qui traite essentiellement de Physique et accessoirement de Chimie, soit constamment tenté par une *extrapolation* des sciences physico-chimiques aux autres sciences du rapport particulier qui existe entre les concepts mathématiques et les concepts physiques. Or, il n'est pas du tout évident que le même type de rapport existe entre

(12) Le seul texte qu'il leur consacre comme telles est le chapitre v du *Rationalisme appliqué*. C'est aussi le seul texte où l'on voit Bachelard reprendre le terme dont Meyerson désignait les opérations du sujet, puisqu'il intitule le chapitre : « Identité continue. » Argument supplémentaire à l'appui de la thèse que je défends.

les mathématiques et la biologie moléculaire par exemple ou la géophysique. Il y aurait même tout intérêt à penser, dans chaque cas, ce rapport dans sa différence spécifique.

Au reste, Bachelard reconnaît ces différences, mais c'est pour aussitôt les dénier sous les espèces d'une hiérarchisation-périodisation des sciences qui, à tout moment, menace de faire basculer son épistémologie dans le camp du positivisme avec lequel il a rompu. Bien des textes de *la Formation de l'esprit scientifique* donnent en effet à penser que le rapport entre Physique et Mathématiques tel qu'il apparaît dans les sciences physiques contemporaines peut servir de norme théorique pour juger des autres sciences. D'où ce nouveau paradoxe de voir ce pourfendeur du continuisme en histoire des sciences, ce philosophe qui, depuis sa Thèse, a dénoncé dans le continuisme le trait commun qui unit, en dépit de leur opposition déclarée, la philosophie de Meyerson à celle d'Auguste Comte; ce philosophe qui, de surcroît, élabore dans *le Rationalisme appliqué* une théorie des « épistémologies régionales (13) » pour

(13) Bachelard parodie ici l'expression husserlienne d'« ontologies régionales ». Il montre dans ces textes, de façon saisissante, qu'il n'y a pas plus d'épistémologie de *la* Science que d'histoire de *la* Science en général. Sans qu'on puisse pour autant affirmer que les

défendre la spécificité de l'histoire de chaque science particulière, affirmer tranquillement que « l'histoire des sciences est l'histoire de la mathématisation progressive des notions », puis ériger l'histoire des mathématiques en « histoire pure », véritable prototype de l'histoire des sciences dont plus d'un texte laisse supposer qu'elle est le « *télos* » commun qui anime secrètement chacune des différentes « régions épistémologiques ». Encore une fois ces inconséquences, lisibles en toutes lettres dans les textes de Bachelard, s'expliquent par le recouvrement d'un problème réel par des notions philosophiques. En l'occurrence, le problème réel est celui du développement inégal des différentes sciences, et de leur histoire différentielle qui « joue » sur ce développement inégal. La notion philosophique qui le recouvre est la notion de « sujet » qui est, subrepticement, réinvestie par Bachelard dans la « pensée mathématique ».

régions épistémologiques sont enfermées une fois pour toutes dans les limites qui les définissent seulement à un moment particulier de leur histoire. Le propre de ces limites est précisément de se déplacer : tel concept de telle science venant produire des effets de réorganisation dans telle autre. Les praticiens des sciences de la nature connaissent bien ce jeu de déplacements et d'emprunts réciproques. Ils savent que l'histoire des sciences ne progresse qu'à travers un tel jeu.

Mais il est temps d'en venir au deuxième point que nous annoncions : l'illusion épistémologique de Bachelard se nourrit du problème du « sujet » de la pratique scientifique au sens où ce processus est mis en œuvre par des agents (les chercheurs) qui sont aussi des sujets de l'idéologie.

Une fois établi que les sciences obéissent à un processus dialectique qui ne saurait être fondé sur aucun sujet empirique ou transcendantal, il reste en effet à régler le problème bien réel des effets de ce processus sur les individus concrets qui sont appelés à en être les agents.

Il me semble que les innombrables pages consacrées par Bachelard à débattre de la question du « psychologisme » ne peuvent être comprises que comme autant de tentatives pour poser et résoudre ce problème redoutable. Pages obscures qui ont toujours servi d'alibi à une lecture « psychologisante » ou, si j'ose dire, « pédagogisante » de Bachelard. Pages qui semblent aller droit à l'encontre de mon interprétation puisqu'il y est constamment question du « sujet » de la science non sous les espèces des pensées mathématiques, mais, bel et bien, d'un sujet individuel psychologique. Ces pages ne sont pas rares, limitées à tel ou tel livre ou contenues dans une partie seulement de l'œuvre : elles sont très nombreuses, réparties sur tous les ouvrages. J'en conviens volontiers.

Je n'esquiverai pas la difficulté. Mais je demande, en retour, qu'on veuille bien ne pas fermer les yeux sur la contradiction flagrante qui marque ces pages.

Il suffit de suivre les textes pour la mettre à nu.

D'un côté, Bachelard répète sur tous les tons qu'il entend se donner pour objet « la psychologie de l'esprit scientifique ». Dans *le Nouvel Esprit scientifique* déjà, mais surtout dans *la Formation de l'esprit scientifique* il défend ce qu'il appelle « un point de vue psychologique sur l'histoire des sciences »; il lui arrive même de mettre en garde les épistémologues contre leur méfiance à l'égard de tout psychologisme et il écrit en 1939 un article qu'il ne craint pas d'intituler « La Psychologie de la Raison » (14).

Mais d'un autre côté, *le Rationalisme appliqué* qui remet la question en chantier, tout au long de trois chapitres, s'ouvre sur une condamnation très nette, apparemment sans appel, du psychologisme. « La cité scientifique, explique-t-il, est établie en marge de la cité sociale, donc elle doit

(14) Il faut noter le caractère polémique de ce titre qui exprime bien l'orientation de l'article tout entier : il est dirigé contre le *formalisme* et le *logicisme*.

lutter contre une psychologie pour créer son non-psychologisme (15). » Quelques pages plus loin, il rejette avec énergie les accusations de psychologisme auxquelles il est, dit-il, en butte (16), et il consacre un paragraphe entier à s'en défendre.

Telle est la contradiction : elle est brutale.

Mais à suivre le fil du même texte on la voit se lever. Bachelard formule en effet « le sens philosophique de [sa] tâche d'épistémologie active : décrire la psychologie de la dépsychologisation ». Et plus loin il dit son ambition d'établir « la différentielle de la dépsychologisation » qui s'opère dans la pensée scientifique. Problèmes non pas psychologiques au sens strict, mais « métapsychologiques », posés par « la psychologie non psychologique, la personnalité dépersonnalisée en fonction des progrès de la science (17) ».

Que peuvent bien signifier ces expressions énigmatiques qui ont toute chance de susciter la perplexité du lecteur et qui, à ma connaissance, ont laissé les commentateurs sans voix? Ceci qui s'éclaire aisément si l'on suit notre interprétation : que si le processus dialectique de production des concepts est un processus objectif, s'il n'est pas fondé sur le jeu des facultés des sujets qui y

(15) *Le Rationalisme appliqué*, p. 23.
(16) *Ibid.*, p. 47.
(17) *Ibid.*, p. 71.

prennent part, il reste à expliquer selon quelles modalités des « sujets » peuvent en être les agents, car ce processus, pour objectif qu'il soit, ce sont des hommes réels qui lui permettent de s'effectuer. Ce sont les « travailleurs de la preuve » qui, dans leur grande Union (c'est-à-dire dans la division de leur travail commun), mettent au service de cette production leurs connaissances et leur inventivité.

Pour reprendre une terminologie que nous connaissons déjà : s'il est vrai que les sciences sont une émergence perpétuelle de « valeurs » épistémologiques qui s'imposent aux individus qui participent à leur production et à leur reproduction, il faut bien constater que ces valeurs ont à s'opposer à d'autres « valeurs » non scientifiques celles-là qui règnent « à l'extérieur » des sciences. Seulement cet « extérieur » et cet « intérieur » font un dans la réalité psychologique des individus qui participent à la recherche scientifique ou apprennent les rudiments des sciences puisqu'ils sont soumis comme tout un chacun aux rapports idéologiques de la formation sociale où ils vivent : ils ont « leur » morale, « leurs » jugements esthétiques, « leurs » idées politiques, peut-être « leurs » croyances religieuses... Voilà pourquoi Bachelard peut écrire, en une formule cent fois reprise dans *le Rationalisme appliqué*, que « la science divise le sujet » (18). Toute sa « psychologie de la dépsychologisation » n'est que la théorie de cette *division :* scission introduite par les « valeurs » de la science dans la constitution idéologique du sujet.

Comme on le voit, la solution de ce problème – mais déjà sa position – supposerait une théorie des diverses formations idéologiques, une théorie de l'« assujettissement » de l'individu aux rapports sociaux idéologiques pour pouvoir ensuite régler la question du contrecoup du processus (sans sujet) de la connaissance scientifique sur les effets de cet assujettissement. Mais à nouveau Bachelard esquive ce problème qu'il a pourtant l'immense mérite de rencontrer.

Il l'esquive d'une *analogie :* l'analogie scolaire. L'École est en effet le lieu premier où l'on peut percevoir la division du sujet : le sujet se trouve devant un savoir codifié, systématisé, aux normes desquelles il doit progressivement se plier, en se dépouillant de la « psychologie » dont « la vie courante » a pu le doter. Qu'on suive les textes du *Rationalisme appliqué :* on y verra le Maître, porte-parole des valeurs épistémologiques, illuminer l'Élève de la clarté rationaliste de son propre esprit et refouler de l'École le chaos des

(18) *Le Rationalisme appliqué*, p. 65.

intérêts confus dont le novice était la proie.

Qu'il s'agisse d'une représentation idéalisée de l'École, c'est ce qui n'échappera à personne : chacun sait que l'École n'est pas – ne peut être – comme semble le croire Bachelard, un lieu neutre de pure transmission du savoir; que les « fausses valeurs » (idéologiques) dont Bachelard voudrait voir le domaine s'arrêter à la porte de l'École y sont bien présentes; non par effraction mais parce que l'École a pour fonction de les reproduire; parce qu'en elle transmission du savoir et inculcation idéologique font un. Mais peu importe ici : l'essentiel c'est que cette « analogie » soit mal contrôlée et arrête les questions. Ce qui est très remarquable en effet c'est que rapidement, dans le texte, l'un des termes de l'analogie – l'École – soit chargé de fonder la validité de l'analogie elle-même. Alors que l'École n'était invoquée que pour illustrer la division du sujet par les « valeurs épistémologiques », il en est dit (19) qu'elle est « le modèle le plus élevé de la vie sociale »; proposition reprise sous une autre forme lorsque Bachelard affirme que « la société doit être faite pour l'École, et non l'École pour la société ».

Singulière dénégation de la réalité qui permet à Bachelard d'esquiver le problème qu'il a posé,

(19) *Le Rationalisme appliqué*, p. 23.

puisque si la société n'est qu'une forme approchée, imparfaite, de l'École, les contradictions qui peuvent surgir entre les valeurs de l'une et celles de l'autre sont inessentielles, transitoires et *en droit* abolies... Bachelard s'évade dans le mythe politico-philosophique de l'École Universelle.

Le problème que nous venons d'évoquer – celui de l'effet du processus de la pratique scientifique sur les « fausses valeurs » idéologiques « dans » le sujet – a son symétrique : celui de l'effet des « fausses valeurs » dans le processus lui-même. On ne s'étonnera pas de voir Bachelard répéter à son propos la même esquive. Mais sous une forme nouvelle, autrement plus complexe et plus intéressante. Nous allons voir s'y boucler l'illusion épistémologique. Le lieu de ce « bouclage » : la célèbre « psychanalyse de la connaissance objective ».

## CHAPITRE IV

# LA PSYCHANALYSE DANS L'ÉPISTÉMOLOGIE ?

Ce fut un coup de force théorique. Inattendu, scandaleux à bien des égards en un temps où la grande majorité des philosophes français ignoraient encore Freud ou accablaient son œuvre de leurs sarcasmes; c'est aussi ce qui aura contribué le plus sûrement à la renommée de Bachelard : *la Formation de l'esprit scientifique* et *la Psychanalyse du feu* sont les plus lus de ses livres : Bachelard eut l'audace, en 1938, d'introduire la psychanalyse dans l'épistémologie.

Cette « introduction » soulève en elle-même bien des difficultés. Nul n'ignore, en effet, que le recours de Bachelard à la psychanalyse n'a jamais pris la forme paisible d'une pure et simple reprise des thèses freudiennes. Il suffit de lire les deux ouvrages mentionnés pour constater l'extrême liberté avec laquelle il traite les concepts analytiques. Le symptôme le plus manifeste de cette liberté : l'extravagante multiplication des « complexes » dans *la Psychanalyse du feu* — complexe de Prométhée, d'Empédocle, de Novalis, de Hoffmann... : notions évidemment introuvables dans les textes de Freud et, de plus, impensables dans ses concepts. Mais ce n'est pas tout : les commentateurs ont depuis longtemps remarqué que Bachelard puisait sans discrimination dans les réserves théoriques de toutes les écoles psychanalytiques, déviantes ou non : les références à Jung ou à Adler sont même plus fréquentes que celles qui sont faites à la théorie de Freud. Au demeurant, Bachelard ne s'est jamais caché de vouloir, à ses risques et périls, « étendre » (1) la psychanalyse à un domaine où, d'après lui, elle n'avait pas eu encore accès. Cela demandait bien qu'on « assouplît », ici aussi, quelques concepts...

Je voudrais, pour ma part, attirer l'attention sur un autre point qui ne laisse pas de surprendre lorsqu'on lit l'ensemble des ouvrages de Bachelard — d'épistémologie et de « poétique » — d'affilée, dans leur ordre chronologique : c'est que, plus ses études sur l'imagination littéraire pro-

(1) *La Formation de l'esprit scientifique*, p. 183. « Le psychanalyste aura plus de travail qu'il ne pense, s'il veut bien étendre ses recherches du côté de la vie intellectuelle. »

gressent, plus se creuse l'écart entre les thèses bachelardiennes et la psychanalyse; à tel point que ses derniers écrits contiennent une critique radicale des théories de ce qu'il appelle désormais « la psychanalyse classique ». Le désaccord est si profond qu'il renonce ouvertement, dans ses trois derniers livres, au vocabulaire de la psychanalyse pour adopter celui de la phénoménologie (2), et qu'il oppose à l'idée de « psychanalyse » celle de « psychosynthèse », son contraire direct. Mais comble de la surprise : dans le même moment, lorsqu'il traite d'épistémologie, il réaffirme obstinément la nécessité de « psychanalyser la connaissance objective », comme si la critique qu'il menait par ailleurs ne portait pas ses effets sur le projet qu'il avait formé dès *la Formation de l'esprit scientifique.*

Je propose de prendre acte de cette *dissociation* – opérée par lui – entre la *théorie* analytique et l'idée de *thérapeutique* analytique. Dissociation qui n'a évidemment aucun sens du point de vue de la psychanalyse elle-même, qui lui fait violence, mais dont je vais tenter de démontrer qu'elle a

(2) C'est dans les deux « Poétiques » qu'il opère ce changement : *Poétique de l'espace* et *Poétique de la rêverie.* A la page 3 de ce dernier ouvrage, il déclare explicitement vouloir « refouler [ses] anciennes préoccupations de culture psychanalytique ».

une fonction décisive dans la construction épistémologique de Bachelard.

Si l'on se reporte au texte princeps, à celui-là même où Bachelard présente la « psychanalyse de la connaissance objective » (3), on lit :

« Quand on cherche les conditions psychologiques des progrès de la science, on arrive bientôt à cette conclusion que *c'est en termes d'obstacles qu'il faut poser le problème de la connaissance scientifique.* Et il ne s'agit pas de considérer des obstacles externes, comme la complexité et la fugacité des phénomènes, ni d'incriminer la faiblesse des sens et de l'esprit humain : c'est dans l'acte même du connaître, intimement, qu'apparaissent, par une sorte de nécessité fonctionnelle, des lenteurs et des troubles. » Quelques lignes plus loin : « La science [...] s'oppose absolument à l'opinion. [...] L'opinion *pense* mal; elle ne *pense* pas : elle *traduit* des besoins en connaissances. En désignant les objets par leur utilité, elle s'interdit de les connaître. On ne peut rien fonder sur l'opinion : il faut d'abord la détruire. Elle est le premier obstacle à surmonter. » Enfin, tirant les conclusions du chapitre : « Ainsi toute culture scientifique doit commencer [...] par une catharsis intellectuelle et affective » et « d'une manière

(3) *La Formation de l'esprit scientifique*, p. 14-16.

plus précise, déceler les obstacles épistémologiques, c'est contribuer à fonder les rudiments d'une psychanalyse de la raison ».

On voudra bien me pardonner d'avoir cité des textes aussi connus. Mais ils ont l'intérêt de faire apparaître le point exact où la psychanalyse s'insère dans l'épistémologie; de dire en clair aussi quels éléments de la théorie analytique, précis mais limités, sont retenus dans cette insertion.

Le point de l'insertion : c'est la notion d'*obstacle épistémologique*. Notion construite pour rendre compte des arrêts ou des ralentissements du processus de production des vérités. Arrêts ou ralentissements qui ne sont pas pensés sous la figure traditionnellement négative de la lacune, du manque ou de l'imperfection; mais qui sont rapportés à une réalité toute positive : celle de l'*opinion* (4), elle-même référée à la réalité ultime des « besoins », ou des « instincts ».

(4) Si l'on veut trouver à Bachelard une ascendance philosophique sous ce rapport, c'est à Spinoza qu'il faut s'adresser. Entre le premier genre de connaissance et le second genre, Spinoza établissait un rapport qui, dans son immédiateté, supposait une *discontinuité* radicale. Bien que le second genre permette l'intelligibilité du premier, il n'en est pas la vérité. Spinoza, à sa façon, introduisait une entorse au dispo-

Ce que retient Bachelard de la théorie analytique, c'est qu'elle rend compte, dans son propre domaine, de l'efficacité inconsciente de certaines représentations; mais aussi, interprétée dans un sens biologiste-énergétiste, qu'elle permet de comprendre certains phénomènes psychologiques en les rapportant à une « base affective ». L'ensemble des chapitres qui se succèdent dans *la Formation de l'esprit scientifique* pour donner autant d'exemples d'obstacles épistémologiques confirme les limites très restreintes de cet « emprunt ».

Qu'est-ce qui intéresse donc Bachelard dans la théorie analytique? Si l'on suit notre thèse générale, on le saisit aisément : c'est qu'elle lui fournit une théorie « naturaliste » de l'idéologie (5).

Ayant à penser l'intervention, dans le processus de la pratique scientifique, des « fausses valeurs » dont les individus-sujets sont les porteurs, il renvoie ces « fausses valeurs » à la Nature. « Voici, écrit-il, la thèse que nous allons soutenir :

sitif des théories idéalistes de la connaissance; on sait ce qu'il lui en coûta.

(5) Il est clair que Bachelard ne fait pas référence à la théorie analytique dans la rigueur de l'agencement de ses concepts. Nous en verrons plus loin la raison.

l'esprit scientifique doit se former *contre* la Nature, contre ce qui est, en nous et hors de nous, l'impulsion de la Nature, contre l'entraînement naturel, contre le fait coloré et divers. L'esprit scientifique doit se former en se réformant. Il ne peut s'instruire devant la Nature qu'en purifiant les substances naturelles et qu'en ordonnant les phénomènes brouillés (6). »

On est d'ordinaire plus sensible à l'aspect polémique de textes comme celui-ci qu'à la thèse positive qu'ils enveloppent. Pourtant cette thèse positive, qui s'y lit en clair, est répétée tout au long de l'ouvrage, elle est illustrée de cent exemples : ce qui fait obstacle à l'émergence des valeurs rationnelles, c'est la Nature.

Une preuve supplémentaire de cette « naturalisation » de l'idéologie : la fonction théorique surprenante que Bachelard fait tenir au XVIIIe siècle. Le livre fourmille, comme on sait, de références à des textes inconnus — délirants et savoureux — de « savants » du XVIIIe siècle. Il faudrait se garder de tenir ces pages où Bachelard cite l'abbé Poncelet, Charles Rabiqueau ou le Révérend Père Castel pour des pages d'histoire des sciences. De toute évidence, Bachelard ne se soucie pas, ici, de l'histoire effective des sciences

(6) *La Formation de l'esprit scientifique*, p. 28.

au XVIIIe siècle. Ce qui nous est donné à déchiffrer dans ces textes, c'est la figure mythique d'un « état de nature » de l'esprit scientifique : état tout à la fois originaire et trans-historique où peut se lire à livre ouvert l'essence d'un mécanisme, aujourd'hui voilée par sa propre manifestation. Or cet « état de nature » fait apparaître, sous une forme pure, le conflit entre l'esprit scientifique naissant et l'« impulsion » de la Nature encore toute-puissante. Ainsi dans ce passage où Bachelard compare le livre scientifique moderne au livre scientifique du XVIIIe siècle. Il vient d'expliquer que le livre scientifique moderne est un livre normalisé, un livre contrôlé – contrôlé par un enseignement officiel. « Ouvrez un livre du XVIIIe siècle, écrit-il, vous vous rendrez compte qu'il est enraciné dans la vie quotidienne. L'auteur converse avec son lecteur comme un conférencier de salon. Il épouse les intérêts et les soucis *naturels.* » Remarque illustrée d'un texte de l'abbé Poncelet qui, se proposant d'expliquer la nature du tonnerre, commence par s'interroger sur la *crainte* qu'il suscite. Texte auquel fait écho une page du *Werther* de Goethe où cette crainte est mise en scène : « Avant la fin de la danse, les éclairs, que nous voyions depuis longtemps briller à l'horizon, mais que j'avais jusque-là fait passer pour des éclairs de chaleur, augmentèrent considérablement; et le bruit du tonnerre couvrit la musique. Trois dames sortirent précipitamment des rangs, leurs cavaliers les suivirent, le désordre devint général, et les musiciens se turent... C'est à ces causes que j'attribue les grimaces étranges auxquelles je vis se livrer plusieurs de ces dames. La plus raisonnable s'assit dans un coin, tournant le dos à la fenêtre et se bouchant les oreilles. Une autre, agenouillée devant la première, se cachait la tête sur les genoux de celle-ci. Une troisième s'était glissée entre ses deux sœurs, qu'elle embrassait en versant des torrents de larmes. »

Je n'ai cité ces lignes à mon tour que pour marquer le paradoxe du parti qu'en tire Bachelard : il voit, dans cette crainte ainsi exprimée, une crainte *naturelle :* une crainte dont les manifestations seraient aujourd'hui inhibées par le contrôle social, mais qui aurait pu alors se donner libre cours. Or, à lire de tels passages, on est au contraire frappé du caractère social et historique des « sentiments » prétendument « naturels » qui y sont analysés ou décrits. Dans tous ces textes du XVIIIe siècle où Bachelard croit entendre parler la Nature en personne, nous lisons pour notre part la représentation que se donne d'elle-même une certaine *idéologie de la nature.* Pour me limiter à l'exemple du tonnerre : la complicité qui le lie, dans sa menace, au châtiment, dont la foudre est la figure symbolique, ses attaches avec l'idéologie religieuse sont trop connues et, au demeurant, assez bien marquées dans le texte de Goethe, pour que je n'insiste pas davantage. Chaque occurrence du XVIIIe siècle dans *la Formation de l'esprit scientifique* reconduit le même mythe et pourrait donner lieu à la même observation : ce qui est donné pour « impulsion de la nature » n'est jamais que le retentissement « affectif » d'une représentation idéologiquement déterminée de la nature.

Si l'on se souvient que Bachelard, dans le même temps, qualifie cette science du XVIIIe siècle de science « frivole », d' « occupation de gens du monde », on pourra donner toute sa force au paradoxe qui gouverne le livre dans son entier en le présentant sous la forme suivante : si, aux yeux de Bachelard, la science du XVIIIe siècle laisse parler la Nature, c'est parce qu'elle est mondaine.

Paradoxe dont le secret se trouve dans cet autre mythe théorique, que nous connaissons déjà : celui de l'École comme lieu de la pure transmission de connaissances objectives. Bachelard joue ici d'un mythe pour nourrir l'autre, puisqu'en définitive c'est l'absence de l'École au XVIIIe siècle qui est chargée d'expliquer que la Nature y soit toute-puissante.

Ces deux mythes, dans leur jeu réglé, l'attestent :

l'extérieur de l'École, le dehors de la « communauté scientifique » est identifié à la Nature. Voilà qui confirme notre thèse : Bachelard, faisant passer pour nature une idéologie de la Nature, *naturalise l'idéologie.*

Avant de nous interroger sur les effets théoriques de ce subterfuge, il convient d'observer que cette « Nature » est conçue comme un monde anarchique d'instincts et d'impulsions aveugles. Ces instincts et ces impulsions dont la psychanalyse freudienne a, selon Bachelard, tenté d'expliquer la genèse et l'efficace, mais sans s'intéresser aux modalités de leurs interventions dans la conscience claire des praticiens de la science : aussi se propose-t-il d' « étendre » la psychanalyse pour lui conquérir ce nouveau champ d'investigation.

C'est ici que la notion d' « obstacle épistémologique » s'enrichit d'une détermination supplémentaire, car ces « instincts » qui trouvent, dans le silence de la nuit, à se traduire par le rébus des rêves; qui, dans la longue douleur du névrosé, s'expriment par la formation et la répétition du symptôme; ces « instincts » empruntent, dans le champ de la pratique scientifique, un autre biais : celui de *catégories philosophiques.*

*La Formation de l'esprit scientifique* ne laisse subsister aucun doute sur ce point : toutes les grandes catégories de la philosophie des philosophes s'y succèdent comme autant de « traductions », épurées dans leur abstraction, d'instincts élémentaires : le « réel », la « substance », la « vie », l' « âme »... Chapitre après chapitre, on les voit qui favorisent, ménagent et assurent l'intrusion des créatures de la nuit dans le grand jour du travail scientifique. Les savants, explique Bachelard, ont leur « philosophie diurne » : la claire philosophie qui règle leur travail au laboratoire; celle dont nous avons longuement commenté les thèses en suivant Bachelard. Mais ils ont aussi leur « philosophie nocturne » : sous les espèces des obstacles épistémologiques, on ne cesse d'en apercevoir les « restes » — restes nocturnes, si je puis risquer l'expression — dans leur philosophie diurne.

Telle est, brièvement résumée, la logique interne qui règle le recours de Bachelard à la théorie analytique. Il y a plus d'une leçon à en tirer. Des leçons contradictoires, à nouveau, puisque cette logique est elle-même, en dernier ressort, soumise au dispositif contradictoire de l'illusion épistémologique.

Que l'on considère la distinction entre la « philosophie des savants » et la « philosophie des philosophes » que nous venons d'évoquer. Elle a l'intérêt de faire apparaître une deuxième distinction, *interne* à la « philosophie des savants », dont elle souligne le caractère composite : distinction entre les thèses philosophiques qu'ils pratiquent effectivement dans leur travail et d'autres thèses qu'ils empruntent (7) à la « philosophie des philosophes » pour les combiner avec les premières. Bachelard a le mérite de faire remarquer que cette combinaison enveloppe une contradiction et qu'elle rend compte des effets d'obstacles qui surgissent dans le processus de la pratique scientifique. En ce qui concerne « la philosophie des philosophes », la thèse de Bachelard a en outre l'intérêt de montrer qu'elle est tout à la fois hantée par l'existence des sciences, dans le geste même par lequel elle les méconnaît, et animée par de puissants mobiles dont elle ne saurait elle-même, par elle-même, expliquer l'existence et la force, en dépit de ses prétentions déclarées à la souveraine autonomie. Bachelard ne cesse, non sans insolence parfois, de mettre les philosophes devant cette vérité qui leur est intolérable : que la philosophie des philosophes, malgré qu'elle en ait, loin

(7) Bien entendu cet « emprunt », dans la majorité des cas, n'est pas conscient. Au contraire, les savants, fabriquant de la philosophie, croient innover, apporter une « nouveauté », alors même qu'ils ne font que reprendre en des termes nouveaux de vieilles catégories. On se reportera aux pages qu'Althusser consacre à cette question dans son *Cours de philosophie pour scientifiques* (Maspero. 1974).

d'être autonome obéit à des « intérêts » qui lui sont extérieurs.

Sur tous ces points, Bachelard recueille le fruit de sa *pratique* épistémologique, c'est-à-dire, si l'on me suit, de ses thèses philosophiques matérialistes et dialectiques. Mais, *indissolublement liées aux précédentes* par le lien organique d'une même problématique, il défend aussi d'autres positions où se concentrent les effets de son illusion épistémologique.

Nous faisons ici retour à sa théorie « naturaliste » de l'idéologie, puisque la « philosophie nocturne des savants » et la « philosophie des philosophes » y sont rapportées. Or, le travestissement de l'idéologie en Nature a deux effets majeurs qui n'en font qu'un : il « éternise » l'idéologie et la fait passer pour une réalité anhistorique; il gomme les contradictions qui la travaillent, à commencer par celle qui les commande toutes — celle qui oppose toujours l'idéologie dominante aux idéologies dominées. Je propose de comprendre que ce à quoi se heurte Bachelard, c'est aux effets, par le biais d'éléments théoriques qui en sont les détachements, des idéologies pratiques (8) dans le procès de la

(8) Je rappelle la définition donnée par Althusser des « idéologies pratiques » : « Les idéologies pratiques sont des formations complexes de montages de notions-représentations-images dans des comportements-

pratique scientifique. Inutile d'insister sur le fait que ces idéologies pratiques, et les « valeurs » où elles se reconnaissent, ne sont pas des réalités naturelles mais des réalités sociales, liées à la pratique de la lutte de classes : précisément à la lutte de classes idéologique. Ce devant quoi recule Bachelard, ce serait donc, d'après moi, devant le lien qui unit, par le biais des idéologies pratiques, la philosophie avec la lutte de classes.

De fait : reconnaître ce lien, ce serait reconnaître sa propre position en philosophie; ce serait admettre qu'en prenant position *pour* les thèses philosophiques qui sont à l'œuvre dans le travail scientifique, loin de proposer un simple « reflet adéquat » des sciences, il prend *ipso facto* position *contre* d'autres thèses philosophiques qui sont partie prenante dans la lutte idéologique de classes. Bref, ce serait renoncer à la conception spéculative de la philosophie qui, comme on l'a vu, est inscrite au cœur de son dispositif épistémologique, pour *prendre parti* en philosophie. C'est cette prise de parti, justement, que refuse Bache-

conduites-attitudes-gestes. L'ensemble fonctionne comme des normes pratiques qui gouvernent l'attitude et la prise de position concrète des hommes à l'égard des objets réels et des problèmes réels de leur existence sociale et individuelle, et de leur histoire » (*Cours de philosophie pour scientifiques*. Maspero. 1974).

lard, en rejetant l'idée même qu'il y ait parti à prendre. Et nous pouvons le dire maintenant : c'est à ce refus qu'il faut attribuer, en dernière analyse, la chaîne des contradictions que nous avons vu se nouer dans son « illusion épistémologique ».

Tel est, toutes implications déployées, le sens de son recours à la théorie psychanalytique. On aura déjà aperçu que le contenu proprement analytique (freudien ou autre) de cette théorie est secondaire : introduite dans l'épistémologie, elle y est dépouillée de ses objets propres pour recevoir d'autres « objets » puisqu'elle vient y tenir le rôle d'une théorie éternitaire, non contradictoire, de l'idéologie. On comprend donc la liberté dont Bachelard a pu faire montre dans son utilisation d'abord, puis dans la critique qui devait mener à son rejet.

Mais, j'y reviens, alors même qu'il rejettera la théorie analytique, il conservera l'idée thérapeutique d'une « psychanalyse de la connaissance objective ». C'est que, même si sa conception spéculative de la philosophie lui fait tourner le dos à l'idée d'une prise de parti en philosophie, sa pratique effective en épistémologie est une pratique d'*intervention* pour certaines thèses et contre d'autres. Cette pratique ne peut évidemment être pensée dans les termes de la philosophie spéculative qui reste son horizon; mais comme, par ailleurs, il n'aperçoit pas qu'elle est la reconnaissance *de facto* de la division de la philosophie en camps opposés, il doit lui trouver une sanction théorique. C'est, à mon sens, la fonction essentielle que tient dans son épistémologie l'idée de « cure » ou de « thérapeutique » philosophique.

Qui dit « thérapeutique » ou « cure » dit en effet « intervention ». Mais allons droit à l'essentiel : l'intervention médicale suppose un rapport d'extériorité de celui qui intervient (le médecin) à son lieu d'intervention (l'organisme du malade). Ce que se ménage Bachelard, en reprenant l'idée de thérapeutique, c'est d'abord la fiction d'un lieu *extérieur* à son domaine d'intervention (la philosophie). Bachelard dénie ainsi le lieu réel d'où il parle — c'est *dans* la philosophie qu'il prend position — pour lui substituer un lieu imaginaire qui lui permette, tout en intervenant, de ne pas se tenir pour partie prise dans le lieu de son intervention.

Pourtant ce n'est ni au médecin ni au chirurgien qu'il fait référence, bien qu'il lui arrive en une occasion d'user de l'expression surprenante de « psychanalyse chirurgicale », mais à la « cure » analytique. Cela n'est pas indifférent; il s'agit d'éviter le retour subreptice, sous une figure médicale, d'un Tribunal philosophique qui, comme dans les philosophies idéalistes traditionnelles, soumettrait la science à la question de ses droits.

La « cure *analytique* », par la *neutralité* du thérapeute qu'elle implique, lui paraît devoir écarter la menace de ce retour que l'idée de thérapeutique emportait inévitablement avec elle (9).

On comprend que Bachelard ait pu conserver l'idée de cure analytique tout en abandonnant la théorie de la psychanalyse : théorie et thérapeutique, solidement arrimées entre elles dans la Psychanalyse, viennent tenir chacune une fonction théorique distincte dans l'édifice épistémologique de Bachelard. Le modèle de la cure analytique subsistera parce qu'il lui permet de dénier le lieu réel d'où il parle sans pour autant restaurer le mécanisme même des théories de la connaissance : celui de la juridiction de la philosophie sur les sciences. C'est en quoi l'on peut dire qu'il est la clé de voûte de l'illusion épistémologique. Il en assure la cohérence en son point de moindre résistance.

(9) C'est ainsi qu'il arrive à Bachelard de qualifier son entreprise de « psychanalyse automatique ». Si l'on veut, au demeurant, le voir à l'œuvre, qu'on se reporte aux premières pages de *la Philosophie du Non :* on y verra la « neutralité » du thérapeute qui se contente de présenter au savant l'album, aux pages blanches duquel il viendra inscrire son profil épistémologique. Ce texte est tout entier hanté par le refus de toute juridiction philosophique sur les sciences.

C'est sur l'autre versant de son œuvre, dans ses livres consacrés à l'imagination littéraire, que Bachelard amorce puis conduit jusqu'à son terme une critique qui s'approfondit sans cesse de la « psychanalyse classique ». Mais la place, dégagée par cette critique, ne reste pas vide. En même temps que l'écart se creuse entre les thèses bachelardiennes et les notions analytiques, vient s'y édifier ce qu'il appelle une « métaphysique de l'imagination » dont on peut découvrir les traits caractéristiques dans ses ouvrages sur les Éléments. L'existence même de cette partie « poétique » de l'œuvre de Bachelard, répétons-le, est un problème que, de son vivant même, les commentateurs s'épuisaient à résoudre. A vrai dire, on prendrait volontiers son parti d'une œuvre irréductiblement divisée, si l'on pouvait rejeter sur la distinction de leurs objets respectifs la responsabilité de la division de ses deux parties. Mais toute la difficulté vient de ce qu'au moment même où l'on reconnaît leur division, il semble que les deux séries de livres écrits par Bachelard s'appellent ou se répondent secrètement. Dans leur apparente contradiction, on pressent une unité cachée. Je le dis tout de suite : Bachelard a assez souvent mis en garde contre toute tentative en ce sens, pour que je ne cherche pas à *résorber* la contradiction. Il me semble au contraire qu'il y a grand intérêt à prendre acte de cette unité *contradictoire* et à en rendre compte en tant que telle.

Si l'on se reporte aux critiques formulées dans les livres de « Poétique » à l'encontre de la « psychanalyse classique », ou plutôt : à l'encontre de la représentation que s'en fait Bachelard, on constate qu'elles se résument à deux reproches, inlassablement répétés : la psychanalyse est taxée de « psychologisme » et accusée d'« organicisme ». Ces deux reproches trouvent leur unité dans l'attaque, cent fois reprise, contre ce que Bachelard croit pouvoir appeler le *« subjectivisme »* de la théorie freudienne.

La critique contre le « psychologisme » se présente régulièrement comme une critique du « déterminisme psychique » postulé par la psychanalyse. C'est par exemple le leitmotiv du texte qu'il consacre à l'essai de psychanalyse appliquée écrit par Marie Bonaparte à propos de l'œuvre d'Edgar Poe. L'image pour lui est « un commencement absolu », elle ne saurait être expliquée par des causes, fussent-elles inconscientes; c'est ainsi que l'œuvre de Poe qui, d'après Marie Bonaparte, trouve son unité fondamentale dans le thème de la « mère mourante » et prend la forme d'un « destin nécrophile », s'ordonne, selon Bachelard, autour de l'image de l'eau (10).

La critique contre l'« organicisme » de la psychanalyse vise, au premier chef, la place attribuée par Freud à la sexualité dans la genèse des phénomènes psychiques. C'est ainsi que Bachelard entreprend systématiquement de « désexualiser » les concepts analytiques : témoin cette étrange conception du narcissisme idéalisant, positif, actif, cosmique qui est exposée dans *l'Eau et les rêves* (11); ou encore : l'idée d'une sublimation qui ne procède pas *contre* l'instinct, mais *vers* un idéal (12); on pourrait citer des passages analogues sur le refoulement, et sur la libido elle-même (13)...

Arrêtons là cette énumération : toutes ces critiques visent le « subjectivisme » de la psychanalyse : elles s'adossent à une théorie résolument non subjective, non psychologique, une théorie ontologique de l'imagination ou, pour employer les termes de Bachelard, à une Métaphysique de l'Imagination.

C'est, en effet, aller à l'encontre de la lettre

(10) *L'Eau et les rêves,* p. 75.

(11) *Ibid.,* p. 34.

(12) Dans *la Terre et les rêveries de la volonté,* Bachelard qualifie cette « sublimation » de « sublimation absolue ».

(13) *La Terre et les rêveries de la volonté,* p. 34.

même des textes de Bachelard que de ramener sa théorie à une conception psychologique du dynamisme de la production imageante, sous prétexte qu'il annonce une théorie de l'« imagination dynamique » (14). Comment expliquer alors qu'il puisse écrire dans *l'Air et les songes* un texte comme celui-ci : « Alors on s'établit dans *une philosophie de l'imagination* pour laquelle l'imagination est l'être même, l'être producteur de ses images et de ses pensées. [...] Le mouvement imaginé en se ralentissant crée l'être terrestre, le mouvement imaginé en s'accélérant crée l'être aérien (15). » En réalité, c'est à l'idéalisme « magique » de Novalis, à son projet d'une « fantastique transcendantale » que se rallie Bachelard et, par-delà, comme le prouvent ses références (16), au courant du romantisme allemand. A des poètes et des philosophes qui voient dans l'Imagination non une faculté psychologique mais la source même de l'Être et de la Pensée. Bachelard, de même qu'il écrit que l'« imagination est

(14) L'annonce se fait dans *l'Eau et les rêves*, au chapitre VIII; les autres ouvrages poétiques en contiennent la réalisation.

(15) *L'Air et les songes*, p. 127.

(16) Bachelard se réfère constamment à la poésie des romantiques allemands : à Novalis, à Hölderlin Schlegel ou encore à Jean-Paul, « ce pèlerin de l'imaginaire ».

l'être même », peut aussi soutenir, dans le même livre, que « l'imagination produit la pensée » (17) et avancer que ce n'est pas nous qui imaginons les images, mais au contraire les images qui s'imaginent en nous, par nous (18). François Dagognet dit excellemment que, pour lui, « la rêverie accomplit le rêve de la nature » (19).

Comme on le voit, cette théorie de l'Imagination recueille en elle-même, et développe dans son domaine, les fruits de la polémique menée contre le psychologisme et le subjectivisme sur le versant épistémologique. C'est pourquoi bien des passages consacrés au dynamisme de l'imagination font pendant à ceux qui, bataillant contre le fixisme, l'immobilisme de la Raison des philosophies traditionnelles, ont trait au mouvement de la connaissance scientifique. Mais d'un autre côté la thèse selon laquelle l'Imagination est à la fois productrice de l'être et de la pensée, institue, dans un idéalisme absolu, le primat de la pensée sur l'être (20) : un idéalisme où la pensée de tout

(17) *L'Air et les songes*, p. 24.

(18) « L'image est en nous le sujet du verbe imaginer; elle n'est pas son complément », écrit-il dans *l'Air et les songes*, p. 22

(19) *In Bachelard.* Collection « Philosophes ». P.U.F., p. 38.

(20) La Nature, écrit Bachelard, à la suite de Novalis, est « une fixation de l'Imagination ».

« sujet » est subordonnée à ce Sujet absolu qu'est le mouvement même de l'Imagination (21).

Si l'on se souvient que la thèse d'objectivité, établie en épistémologie, impliquait en revanche celle du primat de l'être sur la pensée, il n'y a rien d'étonnant à ce que les deux pans de cette œuvre se répondent en s'opposant : l'un et l'autre, dans leur commune opposition à toute forme de « subjectivisme », présentent, à l'écart de toute « théorie de la connaissance », une solution à ce qui est, selon nous, la question fondamentale de la philosophie — celle du rapport entre l'être et la pensée; *mais ces deux solutions sont contradictoires.* On comprend, dans ces conditions, que poétique et épistémologie apparaissent comme « symétriques » et « isomorphes » dans leur contradiction pourtant irréductible (22).

(21) Jean Hyppolite écrivait : « Cette imagination ontico-ontologique est différente en nature de l'imagination empirique qui reste toujours prisonnière du donné, elle l'englobe pourtant, ou la sous-tend, et c'est pourquoi nous avons parlé d'une imagination aussi bien ontique qu'ontologique. [...] Au reste cette généralisation de l'imagination a été commencée par Kant et Fichte — appliquée à la poésie par Novalis — quand ils ont traité d'une imagination absolument productrice, d'une imagination transcendantale, d'un projet de l'être » (*Figures.* T. II. P.U.F., p. 644).

(22) Dagognet écrivait : « Bachelard n'a jamais cessé de creuser l'opposition entre les deux mondes de

Comme l'avait très bien pressenti Jean Hyppolite, le seul biais par lequel l'unité pourrait se restaurer entre elles serait de « rabattre » le sujet absolu qu'est l'Imagination sur le « quasi-sujet » du procès de connaissance scientifique que sont les mathématiques. Hyppolite propose explicitement de voir dans « l'imagination mathématique » le point d'accord où l'unité se réaliserait silencieusement. Mais Bachelard répond, laissant béante la contradiction : « Mes recherches scientifiques n'ont rien à voir avec le problème de l'imagination. Je ne me laisse même pas défier quand on me dit : " Mais est-ce que ça vient de l'imagination mathématique? " Mais s'il y a une imagination mathématique, il faut l'appeler autrement qu'imagination (23). » Cette réplique n'est pas isolée. Gaston Bachelard avait la conscience aiguë de la faille qui devait à jamais subsister entre ses deux types d'ouvrages. Mais on me permettra de suggérer une autre explication à la vigueur de cette réplique : c'est que Bachelard sait le danger qui le menace. pour avoir plusieurs fois manqué d'y succomber. Il sait que, par le biais de

la science et de l'onirisme, mais à tel point que ces deux Univers se correspondent négativement. L'un devient l'envers isomorphe de l'autre. »

(23) *Revue internationale de philosophie.* N° 66, 1963, p. 487.

la théorie psychologique qu'elle implique comme sa retombée (24), la théorie de l'imagination risque, si l'on parle d'imagination mathématique, de réinstaurer un véritable sujet dans le processus de la connaissance objective. Un sujet psychologique dans le « dynamisme » duquel on irait irrésistiblement chercher les motifs d'une genèse de la pensée scientifique. Ce serait alors tout son édifice épistémologique qui, dans son équilibre instable, serait en péril (25).

Telle est donc notre « solution » à l'irritante question de la dualité de l'œuvre de Bachelard. Mais, pour y revenir une dernière fois, il est clair que si la théorie ontologique de l'Imagination prend la relève de la théorie analytique et que si la théorie analytique était bien, comme nous l'avons dit, une théorie éternitaire de l'idéologie, alors l'irréductible contradiction qui subsiste,

(24) Cette théorie psychologique qui fait de l'imagination « la première instance psychique » — et, ajouterai-je, la seule — est si présente dans les ouvrages de Bachelard que bien des critiques n'ont pas vu la théorie ontologique qui la sous-tend.

(25) J'avais relevé *(in Pour une critique de l'épistémologie)* tous les moments où le langage de Bachelard trahissait, dans son épistémologie même, une contamination psychologiste. On se reportera notamment à mon article sur la « réduction des métaphores » chez Bachelard.

en définitive, entre les deux versants de cette œuvre n'est que la manifestation visible de la contradiction obscure qui travaille son dispositif épistémologique. Bachelard doit, pour finir, se résigner au fait têtu de l'incompatibilité théorique de ses deux œuvres : il ne pourra qu'en *vivre* l'alternative... dans l'alternance de l'effort épistémologique et du bonheur de la rêverie; du Jour et de la Nuit. « Trop tard, écrit Bachelard, j'ai connu la bonne conscience dans le travail alterné des images et des concepts, deux bonnes consciences qui seraient celle du plein jour, et celle qui accepte le côté nocturne de l'âme. »

CHAPITRE V

# RUPTURE ÉPISTÉMOLOGIQUE ET RÉVOLUTION SCIENTIFIQUE

## Éléments d'épistémologie comparée

Que l'importance de l'œuvre épistémologique de Bachelard n'ait été appréciée à sa juste mesure que de fraîche date, qu'il connaisse depuis une dizaine d'années seulement une manière de triomphe posthume, c'est ce que j'ai tenté d'expliquer dans mon préambule en invoquant des raisons qui tiennent à la tradition philosophique française dominante au début de ce siècle. Mais il est un point plus surprenant, pour lequel ces raisons ne valent pas, mais dont nous pouvons maintenant commencer à rendre compte : c'est l'ignorance réciproque dans laquelle se sont maintenus ces travaux d'épistémologie et ceux qui, notamment dans les pays anglo-saxons, se menaient, au même moment.

A bien y réfléchir, cette situation, dont nous sommes encore les témoins, est tout à fait singulière. Car enfin, *le Nouvel Esprit scientifique*, le premier grand ouvrage d'épistémologie de Bachelard, a été publié en 1934, l'année même où paraissait à Vienne le célèbre livre de Karl Popper (1) sur *la Logique de la découverte scientifique.* Ce livre se donne pour point de départ de ses analyses le même état des sciences physiques que Bachelard, il traite des mêmes « découvertes » et se pose apparemment des questions analogues (2). De plus, il se trouve que les thèses qui y sont défendues ont marqué de leur empreinte tout ce qui s'écrit d'épistémologie et d'histoire des sciences en Angleterre et aux États-Unis depuis plus de quarante ans (3). Or, les travaux de Bachelard et de Popper, strictement contemporains, se sont développés, enrichis, rectifiés et

(1) Karl Popper est professeur de logique et de méthodologie scientifique à l'université de Londres. Il est né à Vienne à la fin du siècle dernier et a écrit, outre ce livre d'abord paru en allemand, trois autres ouvrages importants : *Conjectures et réfutations, The Open Society and its Enemies, The Poverty of Historicism.*

(2) Par exemple, *la Logique de la découverte scientifique* aborde dès son premier chapitre la question du psychologisme.

(3) Bien entendu, cela ne signifie pas que le « popperisme » soit la philosophie dominante dans les pays anglo-saxons. Elle y est, au contraire, mineure par rapport au courant de la « philosophie analytique », directement issu des travaux du Cercle de Vienne avec lesquels, dès 1934, Popper avait pris ses distances, après avoir partagé leur point de vue.

diffusés sans que jamais on puisse repérer entre eux ni l'amorce d'une confrontation ni l'indice d'une émulation. Mieux : il aura fallu attendre 1973 pour que l'ouvrage de Popper soit traduit dans notre langue (4): et les lecteurs anglais attendent toujours la traduction des livres majeurs de Bachelard. Nous manquons d'une histoire de l'épistémologie – qui prendrait nécessairement la forme d'une *épistémologie comparée* – pour rendre compte de cette indifférence persistante. Il est évident que n'y peuvent suffire des arguments tirés du chauvinisme intellectuel des uns ou des autres. Il n'est pas question que je puisse combler ici cette lacune : cela fera l'objet d'un travail ultérieur.

Pourtant deux événements récents m'incitent à anticiper partiellement sur mes conclusions pour parer au plus pressé et mettre en garde le lecteur contre un grave malentendu que pourrait susciter cette lacune. Ces deux événements sont, dans l'ordre chronologique, la découverte par le public de langue anglaise de la catégorie de « rupture épistémologique », à la faveur de la traduction des ouvrages d'Althusser et, d'autre part, la parution en français du livre de Thomas Kuhn, le disciple le mieux connu de Popper, sur *la Struc-*

(4) Payot éditeur (Préface de Jacques Monod).

*ture des révolutions scientifiques* (5). Plusieurs commentateurs britanniques et américains ont vu une convergence, sinon une identité pure et simple, entre les positions épistémologiques bachelardiennes défendues par Althusser et celles de Kuhn. Cependant que de nombreux critiques français, saluant comme il se doit la traduction de ce best-seller de l'épistémologie internationale, ont cru déceler un accord évident entre les thèses de Kuhn et le courant épistémologique bachelardien (6).

Faut-il admettre les termes de cette – tardive – reconnaissance mutuelle? Pourrait-on alors, à propos de la tradition popperienne en épistémologie, faire des analyses comparables à celles que nous venons de consacrer à Bachelard? N'ai-je pas eu tort de voir dans « l'illusion épistémologique » bachelardienne une illusion *spécifique* et, dans sa position contradictoire en philosophie, une position singulière?

Mais d'abord : où se situe le point du prétendu « accord » entre les deux traditions? En quel lieu de leurs dispositifs théoriques respectifs y a-t-il, comme on le dit, « convergence »? Les critiques

(5) Flammarion. 1972. « Nouvelle Bibliothèque scientifique. »

(6) La méprise s'est étendue jusqu'à des critiques se réclamant du marxisme, comme en témoigne la présentation qui en a été faite dans *la Nouvelle Critique*.

là-dessus sont unanimes, et le point, il faut le dire, très apparent. C'est que Kuhn, comme Bachelard, soutient une conception *discontinuiste* de l'histoire des sciences. C'est aussi que Kuhn cherche, apparemment comme Bachelard, à déterminer les « normes » du savoir scientifique.

Allons donc au texte de Kuhn. Son idée maîtresse, celle qui d'après lui fait l'originalité de son entreprise, c'est que les historiens des sciences et les épistémologues ont eu le regard trop exclusivement attiré vers les épisodes les plus spectaculaires de l'histoire des sciences; qu'ils ont bâti toutes leurs réflexions autour d'événements qui, somme toute, sont, dans cette histoire, exceptionnels : des « crises » ou des « révolutions » scientifiques. Cela a eu l'inconvénient, selon lui, de détourner leur attention de ce qui est l'activité quotidienne de l'immense majorité des scientifiques qui n'ont pas l'heur de faire tous les jours des découvertes décisives. Bien plus : qui ne travaillent même pas pour faire de telles découvertes, mais mettent tout bonnement en œuvre les théories existantes pour en développer les implications sur tel ou tel point particulier. C'est cette activité-là dont veut d'abord rendre compte Kuhn. C'est elle qu'il qualifie de « science normale », par opposition à la science des périodes de « crise » ou de « révolution ».

Kuhn définit donc la science normale comme « l'ensemble des convictions partagées par le groupe scientifique considéré à un moment donné de l'histoire; convictions que le groupe défend contre toute menace et toute atteinte par le rejet de tout élément théorique hétérogène ». D'où la formule célèbre : « Le terme de science normale désigne la recherche fermement accréditée par une ou plusieurs découvertes que tel groupe scientifique considère comme suffisantes pour fournir le point de départ à d'autres travaux (7). »

Pour penser la fonction de ces « découvertes » autour desquelles s'organise le consensus du groupe, Kuhn, comme on le sait peut-être, propose une notion qui est devenue l'emblème de ses travaux : celle de *paradigme.* Son emploi, assez lâche (8), pose en lui-même bien des difficultés, mais il nous suffira pour l'heure de nous référer au passage où l'auteur le justifie dans son essai : « En le choisissant, écrit-il, je veux suggérer que certains exemples reconnus de travail scientifique réel fournissent des modèles qui donnent naissance à des traditions particulières et cohérentes

(7) *La Structure des révolutions scientifiques*, p. 25.

(8) Miss Mastermann a cru pouvoir relever plus de vingt acceptions différentes du terme dans le livre de Kuhn (*in Criticism and the Growth of Knowledge.* Cambridge. 1970. Ouvrage collectif).

de recherche scientifique. » Les exemples suivent : la physique d'Aristote, les principes de Newton, la chimie de Lavoisier... Et il conclut provisoirement : « Les hommes dont les recherches sont fondées sur le même paradigme obéissent aux mêmes règles et aux mêmes normes dans la pratique scientifique (9). » Les notions de « science normale » et de « paradigme » sont donc solidaires et constituent l'armature théorique de l'épistémologie de Kuhn.

Mais le simple rapprochement des deux passages que je viens de citer fait surgir la question cruciale : qu'est-ce qui constitue la normalité de la science dite « normale »? A quelle *normativité* la science normale obéit-elle? La réponse la plus immédiate sera : c'est le paradigme qui norme la science normale. C'est bien ce que dit Kuhn en toutes lettres. Mais qu'on me permette alors de répéter ma question à propos du paradigme : qu'est-ce qui fonde la normativité du paradigme?

A cette nouvelle question, Kuhn apporte une première réponse : c'est la *décision* du groupe qui *choisit* de tenir telle ou telle théorie ou découverte scientifique pour paradigmatique. Pour s'en expliquer, il se sert d'une analogie : « Nous nous proposons de démontrer que, dans l'évolution des

(9) *La Structure des révolutions scientifiques*, p. 39.

sciences, l'étude historique du changement de paradigme révèle des caractéristiques tout à fait semblables à celles d'un changement d'institutions politiques. Comme le choix entre des institutions politiques concurrentes, celui qui doit s'effectuer entre des paradigmes concurrents s'avère être un choix entre des modes de vie de la communauté qui sont incompatibles. » Peu importe la conception parfaitement idéaliste des révolutions politiques qui gouverne cette analogie, nous n'en retiendrons que la thèse philosophique qu'elle vient illustrer : c'est l'assentiment du groupe qui assure la normativité de la science normale en procédant au choix du paradigme.

Cette thèse a donné lieu en Angleterre à de vives controverses (10) qui, dans l'ensemble, n'ont pas manqué leur cible. Ainsi Feyerabend, dans un article d'une ironie cinglante, fait valoir, contre Kuhn, qu'on ne saurait, à s'en tenir à cette idée de choix, distinguer la recherche scientifique d'une quelconque association de malfaiteurs; Watkins lui fait écho en demandant ce qui, à ce compte, peut distinguer la science de la théologie... Deux

(10) La substance de ce débat est reproduite en un volume collectif intitulé *Criticism and the Growth of Knowledge* (Cambridge University Press. 1970). On y trouve notamment des interventions de Kuhn, de Popper, de Lakatos, de Feyerabend.

objections qui ont le mérite de faire apparaître la question avec laquelle Kuhn se débat – celle de l'objectivité des connaissances scientifiques – et de souligner la faiblesse de la solution *conventionnaliste* qu'il y apporte.

De cette faiblesse, Kuhn lui-même a conscience. C'est pourquoi il propose dans son livre un deuxième type de réponse. Lorsqu'il en vient en effet à expliquer les mécanismes du choix dont il a parlé pour commencer, Kuhn a recours à une nouvelle analogie. Or on n'a pas assez remarqué que cette analogie est strictement contradictoire avec la notion qu'elle est supposée illustrer.

De quoi s'agit-il en effet? D'un emprunt à la psychologie expérimentale des processus perceptifs : une première fois, il invoque l'expérience de Bruner et Postmann sur la perception des anomalies d'une série de cartes à jouer présentées à des vitesses progressivement ralenties; une deuxième fois, il fait appel aux fameuses expériences des lunettes de Stratton qui portent sur la transformation du champ visuel. Dans les deux cas, il entend montrer que l'instauration d'un paradigme provoque une nouvelle structuration de la « vision du monde » des scientifiques; donc qu'un changement de paradigme comme il s'en produit à chaque révolution scientifique implique une mutation dans cette structure. Il y voit un argument à l'appui de son non-continuisme.

Mais toute la difficulté est de savoir le statut de cette analogie : s'il s'agit d'une stricte analogie (d'une égalité de deux rapports), alors il faut bien admettre qu'elle contredit l'idée d'un « choix » qui était censé présider à l'adoption du paradigme par le groupe; puisque précisément, en bonne *Gestalt,* la forme s'impose d'elle-même; et que tout le « mystère » qu'est supposée lever la théorie qui soutient ces expériences réside précisément dans cette apparente défaite des motivations volontaires.

S'il ne s'agit pas d'une stricte analogie, alors de deux choses l'une : ou bien c'est moins qu'une analogie — c'est une simple *image;* ou bien c'est plus : c'est une véritable *identité.* S'il s'agit d'une simple image, comme plusieurs passages du livre de Kuhn le laissent entendre, elle ne nous apprend rien sur le mécanisme théorique qu'elle prétend éclairer. La preuve, ces quelques lignes en un passage central du livre : « Dans leur forme la plus habituelle, évidemment, les expériences sur la psychologie de la forme n'illustrent que la nature des transformations perceptives. Elles ne nous disent rien sur le rôle des paradigmes (11). »

(11) *La Structure des révolutions scientifiques,* p. 137.

Mais peut-être s'agit-il d'une véritable identité? Témoin ce texte : « Cette expérience psychologique – celle de Postmann – pour sa valeur de métaphore ou bien dans la mesure où elle reflète *la nature de l'esprit* fournit un schéma merveilleusement simple du processus de la découverte scientifique (12). » Nous voilà rejetés du conventionnalisme à une forme lâche de l'*apriorisme* le plus traditionnel! Rien d'étonnant, s'il est vrai que le conventionnalisme n'est qu'une forme sophistiquée (donc affaiblie) de l'*apriorisme.* Fouillez un peu sous la surface du conventionnalisme, vous trouverez l'*apriorisme.*

Je propose de tenir les oscillations théoriques de Kuhn sur ce point, pourtant central dans son œuvre, pour symptomatiques : il court de réponse en réponse – avec la conscience aiguë mais confuse de leur fragilité – à une question insoluble. La question même que l'épistémologie bachelardienne s'interdit de poser, celle sur la répudiation de laquelle il a établi son propre terrain : la vieille question idéaliste de l'objectivité des connaissances scientifiques. Comment la garantir? Comment la fonder? Sans doute Kuhn pose-t-il cette question dans des termes qui paraissent « concrets », actuels et scientifiques : il

(12) *Ibid.*, p. 84.

n'est question chez lui ni de *cogito* ni de sujet transcendantal; il s'agit de « groupes scientifiques », de « laboratoires »... et c'est en quoi son livre « parle » aux chercheurs d'aujourd'hui, mieux sans doute et plus directement que les ouvrages de Bachelard. Mais il ne faut pas se laisser prendre aux mots : le noyau théorique de cette œuvre est une vieillerie philosophique, une vieille question idéaliste avec le cortège des réponses qu'elle impose, au cercle desquelles Kuhn, avec bien d'autres, se laisse prendre.

CONCLUSIONS

# UNE ÉPISTÉMOLOGIE MATÉRIALISTE ?

Le Jour et la Nuit : deux conceptions inconciliables de la philosophie.

Pour l'une : la philosophie doit se faire, dans son domaine propre, le miroir des sciences. Elle doit en réfléchir les résultats, elle doit en imiter la démarche dans sa rigueur, elle doit s'en approprier les problèmes pour les redoubler de ses questions... L'histoire de la philosophie idéaliste retentit, siècle après siècle, de ces déclarations où chacun annonce, le moment venu, qu'il a tenu parole et donné corps au projet : il inscrit, par ses œuvres, au Grand Registre de la Vérité, le « tableau adéquat » des sciences contemporaines. Leur pur reflet dans l'impassible miroir philosophique.

L'autre, la philosophie matérialiste, entre en guerre contre ces prétentions. Mystification, dit-elle : sous ses apparences spéculatives, voyez ce qui se trame au cœur de la philosophie idéaliste!

Le tableau est en trompe-l'œil : les sciences qui y figurent ne sont pas les sciences réelles, mais une représentation philosophique des sciences; des sciences pour philosophes; elles y sont là, figées, ayant perdu toute vie, pour l'ornement de la philosophie qui se les annexe. La philosophie idéaliste tient un discours qui ne correspond pas à la réalité de sa pratique : en fait, elle « détourne » les sciences et s'autorise de leurs titres et de leur prestige pour justifier des intérêts très concrets qui n'ont rien de spéculatif. Il faut donc dénoncer l'imposture des « théories de la connaissance »; prendre position pour les thèses philosophiques qui sont effectivement à l'œuvre dans le procès de la pratique scientifique.

Bachelard est partagé entre ces deux conceptions, « pris » dans cette contradiction, mais sous la forme la plus paradoxale qui soit : il met en pratique la seconde conception « au nom de » la première. On se souvient : il vise une chimère idéaliste, avions-nous dit, mais dans des termes qui contredisent à sa visée.

J'avais cru pouvoir marquer, naguère, le caractère original, exceptionnel même, de l'épistémologie de Bachelard en la désignant comme « épistémologie historique ». Cette désignation rend bien compte en effet de la forme spécifique de ce que j'appelle aujourd'hui « l'illusion épistémologique » bachelardienne qui est le prix de sa position contradictoire en philosophie : son dispositif philosophique *découvre* un champ théorique inédit, nié-refoulé par toute la tradition philosophique idéaliste : celui de l'histoire du procès de la pratique scientifique, de ses formes et de ses conditions. Mais cette découverte est aussitôt *recouverte*, dans ses travaux, par la persistance d'une conception spéculative de la philosophie.

Ce double effet de découverte et de recouvrement n'en finit pas au fil de ses livres de retentir en contrecoups paradoxaux. Nous avons tenté d'en suivre la chaîne au plus près des textes, jusqu'au point où se boucle l'illusion – dans le projet de « psychanalyse de la connaissance objective » – et où reparaît, visible, béante, énigmatique et fascinante, la contradiction même qui la commandait silencieusement : l'œuvre se scinde en deux pans qui, face à face, dans un état d'extrême tension, tout à la fois s'attirent et se repoussent.

Illusion *spécifique* à Bachelard, avons-nous dit, qui rend compte de sa situation exceptionnelle dans la tradition philosophique française comme dans le courant de l'épistémologie internationale. Mais ce n'est pas son moindre intérêt que de donner à voir, à la faveur de cette exception même, ce qui peut être désigné comme la « forme générale » de l'illusion épistémologique. L'œuvre de Bachelard dans la contradiction criante qui la travaille fait en effet apparaître le mécanisme interne qui régit tout discours épistémologique : le recouvrement par des *thèses philosophiques* des *problèmes scientifiques* que pose l'histoire du procès de connaissance. Elle montre la méprise dont toute épistémologie est en définitive le lieu : la formulation de problèmes scientifiques touchant l'histoire des sciences en termes de questions philosophiques. Elle fait justice, du même coup, de l'apparente « nouveauté » de l'épistémologie en montrant qu'elle n'est que la relève, ou la mise à jour, de la philosophie idéaliste classique, s'il est vrai que, dans cette philosophie aussi, l'histoire de la pratique scientifique était pensée (c'est-à-dire niée) dans le champ des questions philosophiques d'une théorie de la connaissance. Une forme dominante de l'idéalisme s'est évanouie au milieu de ce siècle, le spiritualisme; une nouvelle forme apparaît, plus modeste dans ses prétentions, plus technique aussi, mais qui, en dépit de ce qui les oppose toutes deux, est bien de la même famille.

Voilà qui permet peut-être de rendre compte aussi du vif intérêt dont, soudain, font preuve les spécialistes des sciences de la nature à l'égard de l'épistémologie. Le phénomène est à ce point spectaculaire, depuis dix ans, qu'il ne serait sans doute pas exagéré de parler à son propos d'une véritable

« mode ». Peut-être pourrait-on désigner ce mouvement du nom d' « épistémologisme ». Si l'on me suit, on tiendra cet « épistémologisme » pour doublement symptomatique : de ce que, d'une part, les problèmes posés par le procès de la pratique scientifique dans ses rapports avec les autres formes de la pratique sociale sont présents, urgents même, à la conscience théorique des « scientifiques » d'aujourd'hui; de ce que, d'autre part, ils subissent toujours, quoique sous une forme transformée, l'emprise de la philosophie idéaliste lorsqu'il s'agit non plus de pratiquer leur science mais de réfléchir sur leur pratique (1).

Enfin tout au long de cet essai s'est affirmée, avec

(1) Cette conscience théorique des problèmes posés par le procès de la pratique scientifique est évidemment liée aux formes contemporaines, manifestes, de ce que Marx appelait « l'enrôlement de la science au service du Capital ». Ce n'est plus seulement, comme naguère, par le biais des « applications » techniques de leur travail (par exemple : par ses applications militaires) que les chercheurs scientifiques sont sensibles à cet enrôlement mais tout à la fois par les modalités de la division du travail scientifique, et par l'exploitation idéologique, par la classe dominante, d'une certaine représentation de la recherche, du chercheur, ou plus généralement du « scientifique ». On trouvera des documents qui, dans le désarroi théorique qu'ils manifestent, sont, au sens pathologique du terme, « symptomatiques » dans le recueil de Lévy-Leblond et Jaubert intitulé *Autocritique de la science* (Seuil. 1972).

insistance, la nécessité d'un « redressement » – redressement critique – de l'épistémologie. Un redressement dont les arguments ont été tirés de la philosophie marxiste, du « matérialisme dialectique ». Est-ce à dire pour autant qu'on doive attendre de cette critique la constitution d'une « épistémologie matérialiste »? On aura compris, je l'espère, qu'il n'en est pas question. Si le projet même d'une « épistémologie » est, du point de vue du matérialisme, le fruit d'une confusion entre des thèses philosophiques et des problèmes scientifiques, si toute épistémologie (contradictoire ou non dans son dispositif théorique) obéit à la forme générale de l'illusion épistémologique, alors, il faut le reconnaître, l'expression d'« épistémologie matérialiste » n'est pas seulement équivoque, elle est une contradiction dans les termes; une monstruosité théorique. Tout autant que l'est, pour des raisons analogues, l'expression de « théorie matérialiste de la connaissance » (2).

(2) Je sais bien que les classiques du marxisme emploient l'expression de « théorie matérialiste de la connaissance » pour désigner le « matérialisme dialectique », mais j'ai montré *(in Une crise et son enjeu)* que si l'on regarde la réalité que recouvre cette expression, on s'aperçoit qu'elle n'a rien à voir avec celle des « théories de la connaissance » qui sont les pierres angulaires de la philosophie idéaliste classique dans sa période bourgeoise. On s'aperçoit qu'il n'y a nulle part,

L'intervention du matérialisme dialectique en épistémologie ne saurait être que de dégager, pour permettre de les poser comme tels, les problèmes scientifiques qui sont, dans l'illusion épistémologique, recouverts par des questions philosophiques. Les dégager pour les rendre à la science dont ils relèvent en droit et en fait : la science de l'histoire – le matérialisme historique. On comprend que ce dégagement fera en retour apparaître les thèses philosophiques pour ce qu'elles sont : indissociablement « prise de position » *pour* ou *contre* les thèses qui régissent le travail scientifique et prise de parti *pour* ou *contre* les « valeurs » transmises par les idéologies pratiques. Bref : positions de combat à l'intérieur de cette « lutte de classes dans la théorie » qu'est, en dernière instance, la philosophie (3).

D. L.
*Juillet 1974.*

à proprement parler, de *théorie* de la connaissance dans les œuvres de Lénine, d'Engels et de Marx : en lieu et place d'une telle théorie, on trouve de simples *thèses* pour la connaissance. Il y a donc tout intérêt pour éviter des confusions lourdes de conséquences à marquer cette distance, dans le vocabulaire même, en renonçant à l'expression de « théorie de la connaissance ».

(3) L'expression est de Louis Althusser, *in Réponse à John Lewis* (Maspero. 1973).

ANNEXE

# BIBLIOGRAPHIE

ŒUVRES DE GASTON BACHELARD

1928 *Essai sur la connaissance approchée.* Paris, Vrin, 310 p. (thèse principale de doctorat ès lettres). (3e édition, 1970.)
*Étude sur l'évolution d'un problème de physique : la propagation thermique dans les solides.* Paris, Vrin, 183 p. (thèse complémentaire de doctorat ès lettres).

1929 *La Valeur inductive de la relativité.* Paris, Vrin, 257 p.

1932 *Le Pluralisme cohérent de la chimie moderne.* Paris, Vrin, 237 p.
*L'Intuition de l'instant : Étude sur la « Siloé » de Gaston Roupnel.* Paris, Stock, 131 p. (Paris, Gonthier, 1966, 152 p., Bibliothèque « Médiations », édition augmentée de « Instant poétique et instant métaphysique », et d'une « Introduction à la poétique de Bachelard », par Jean Lescure.)

1933 *Les Intuitions atomistiques (essai de classification)* Paris, Boivin, 163 p.

1934 *Le Nouvel Esprit scientifique.* Paris, Alcan, 179 p. (11e édition, P.U.F.. 1971.)

1936 *La Dialectique de la durée.* Paris, Boivin, 171 p. (Nouvelle édition, Paris, P.U.F., 1950, xi-168 p.

– Troisième tirage de la nouvelle édition, P.U.F., 1972.)

1937 *L'Expérience de l'espace dans la physique contemporaine.* Paris, P.U.F., 143 p.

1938 *La Formation de l'esprit scientifique. Contribution à une psychanalyse de la connaissance objective.* Paris, Vrin, 257 p. (8ᵉ édition, 1972.)

*La Psychanalyse du feu.* Paris, N.R.F., 1965. 185 p., collection « Idées ».

1940 *Lautréamont.* Paris, José Corti, 201 p. (Nouvelle édition augmentée, 1951, 156 p. – Nouvelle édition, 1963.)

*La Philosophie du Non. Essai d'une philosophie du Nouvel Esprit scientifique.* Paris, P.U.F., 147 p. (4ᵉ édition, 1966.)

1942 *L'Eau et les Rêves. Essai sur l'imagination de la matière.* Paris, José Corti, 267 p. (6ᵉ réimpression, 1965.)

1943 *L'Air et les Songes. Essai sur l'imagination du mouvement.* Paris, José Corti, 307 p. (5ᵉ réimpression, 1965.)

1948 *La Terre et les Rêveries de la volonté. Essai sur l'imagination des forces.* Paris, José Corti, 409 p. (4ᵉ réimpression, 1965.)

*La Terre et les Rêveries du repos. Essai sur les images de l'intimité.* Paris, José Corti, 341 p. (6ᵉ réimpression, 1971.)

1949 *Le Rationalisme appliqué.* Paris, P.U.F., 216 p. (3ᵉ édition, 1966.)

1950 *Paysages. Notes d'un philosophe pour un graveur* (Études pour quinze burins d'Albert Flocon), Rolle (Suisse), Librairie Eynard, 96 p. (Texte réédité dans *Le Droit de rêver,* P.U.F., 1970, p. 70-98.)

1951 *L'Activité rationaliste de la physique contemporaine.* Paris, P.U.F., 227 p. (2ᵉ édition, 1965.)

1953 *Le Matérialisme rationnel.* Paris, P.U.F., 225 p. (2ᵉ édition, 1963.)

1957 *Châteaux en Espagne, la Philosophie d'un graveur,* burins d'Albert Flocon, Paris, Cercle Grolier, 61 p.

(Texte réédité dans *le Droit de rêver*, p. 99-121.)
*La Poétique de l'espace*. Paris, P.U.F., 215 p. (4e édition, 1964.)

1960 *La Poétique de la rêverie*. Paris, P.U.F., 185 p. (3e édition, 1965.)

1961 *La Flamme d'une chandelle*. Paris, P.U.F., 113 p. (3e édition, 1964.)

1970 *Le Droit de rêver*, recueil posthume de textes divers. Paris, P.U.F., 250 p.
*Études*, recueil posthume de cinq textes présentés par Georges Canguilhem. Paris, Vrin, 97 p.

1971 *Bachelard : Épistémologie*, Textes choisis par D. Lecourt. Paris, P.U.F. (« Les Grands Textes »). 216 p.

1972 *L'Engagement rationaliste*, recueil posthume de textes divers, préface de G. Canguilhem. Paris, P.U.F., 191 p.

## PRINCIPALES ÉTUDES SUR L'ŒUVRE DE GASTON BACHELARD

Hommage à Gaston Bachelard (G. Bouligand, G. Canguilhem, P. Costabel, F. Courtès, F. Dagognet, M. Daumas, G. G. Granger, J. Hyppolite, R. Martin, R. Poirier, et R. Taton). Paris, P.U.F., 1957.

Hommage à Gaston Bachelard, ex. *Annales de l'Université de Paris* (G. Canguilhem, L. Guillermit), janvier-mars 1963.

Georges Canguilhem, « Sur une épistémologie concordataire », ex. hommage à Gaston Bachelard.
Trois articles regroupés dans les *Études d'Histoire et de Philosophie des Sciences*. Vrin, 1968 :

I. L'Histoire des Sciences dans l'œuvre épistémologique de Gaston Bachelard.
II. Gaston Bachelard et les Philosophes.
III. Dialectique et Philosophie du Non chez Gaston Bachelard.

François DAGOGNET, « Le Matérialisme rationnel de Gaston Bachelard », *in Cahiers de l'Institut de Science économique appliquée,* juin 1962.

– Gaston Bachelard, collection « Philosophes ». P.U.F., 1965.

Gilles-Gaston GRANGER, « Visite à Gaston Bachelard », *in Paru* (Monaco), 1947.

Jean HYPPOLITE, « Gaston Bachelard ou le romantisme de l'intelligence », *Revue Philosophique,* janvier-mars 1954 et repris dans l'Hommage à Gaston Bachelard. P.U.F., 1957. Reproduit *in Figures de la pensée philosophique.* P.U.F., 1971.

– « L'épistémologie de Gaston Bachelard », *in Revue d'Histoire des Sciences,* janvier 1964.

François PIRE, *De l'imagination poétique dans l'œuvre de Gaston Bachelard.* Corti, 1967.

Michel MANSUY, *Gaston Bachelard et les éléments.* Corti.

Et le numéro de la revue *l'Arc* consacré à Bachelard.

## TABLE DES MATIÈRES

www.ingramcontent.com/pod-product-compliance
Lightning Source LLC
LaVergne TN
LVHW01010?170826
845678LV00012B/2226

* 9 7 8 2 2 4 6 0 0 1 4 7 8 *